Femmy Brug

ACHTSAMKEIT
und YOGA in der
GRUNDSCHULE

KLEINE ÜBUNGEN:

leicht erklärt und
sinnvoll eingesetzt

Verlag an der Ruhr

Impressum

TITEL DER DEUTSCHEN AUSGABE/NIEDERLÄNDISCHEN ORIGINALAUSGABE
Achtsamkeit und Yoga in der Grundschule –
Kleine Übungen: leicht erklärt und sinnvoll eingesetzt

Mindfulness en yoga in de klas –
Oefeningen in bewustzijn, aandacht en compassie

© DER NIEDERLÄNDISCHEN ORIGINALAUSGABE
2016 Uitgeverij Panta Rhei, Katwijk aan Zee

AUTORIN
Femmy Brug

TITELBILDMOTIV/FOTOS/ILLUSTRATIONEN
Fotos, wenn nicht anders angegeben: Femmy Brug; Illustrationen: Michel de Boer

ÜBERSETZUNG
Gabriele Steinbach

DRUCK
AZ Druck und Datentechnik GmbH, Kempten, DE

BEARBEITUNG FÜR DEUTSCHLAND

Verlag an der Ruhr
Mülheim an der Ruhr
www.verlagruhr.de

Geeignet für die Klassen 1–4

© der deutschen Ausgabe
Verlag an der Ruhr 2018
ISBN 978-3-8346-3780-2

Inhalt

Inhalt

Vorwort

VOR IHNEN LIEGT DAS BUCH „ACHTSAMKEIT UND YOGA IN DER GRUND-
SCHULE". DIESE BEIDEN THEMEN ERHALTEN STETS MEHR AUFMERKSAM-
KEIT UND ANERKENNUNG. UND AUCH DIE NACHFRAGE NACH DER
ANWENDBARKEIT IM UNTERRICHT WIRD IMMER GRÖSSER.

Keine einzige Generation ist mit so vielen Reizen aufgewachsen wie die
heutigen Kinder. Lehrer* erleben viel Unruhe in ihren Klassen. Die Zunahme
von Kindern mit Konzentrationsproblemen und Verhaltensauffälligkeiten
wird vermehrt festgestellt.

Immer häufiger wird das Bedürfnis wahrgenommen, den Kindern über die
traditionellen Lehrpläne hinaus auch Wege anzubieten, um mit dem Leben
selbst umzugehen, in einer Welt, die sich fortwährend verändert.
Achtsamkeits- und Yogaübungen bieten Hilfe und Unterstützung und
können – einmal gelernt – von den Kindern ein Leben lang angewendet
werden. Achtsamkeit übt die zielgerichtete Aufmerksamkeit im Hier und
Jetzt, ohne Urteil. Yogaübungen erfordern Körperhaltungen und Bewegungen, die Achtsamkeit entwickeln, indem sie den Körper und den Atem
auf eine dynamische Weise erfahrbar machen – etwas, das zu Kindern passt.

Das Buch enthält viele Ideen, um Kindern die Konzepte Achtsamkeit und
Yoga in einer Art und Weise näherzubringen, die sie anspricht. Die Übungen
sind so beschrieben, dass Sie sie den Kindern vorlesen und direkt im Unterricht einsetzen können. Zudem wird jede Übung durch ein passendes Foto
veranschaulicht. Die Übungen lassen sich leicht im Klassenzimmer durchführen.

Das Buch enthält auch Geschichten aus verschiedenen Kulturen. Die darin
angesprochenen Themen wie Respekt, Zusammenarbeit, Freundschaft und
Konzentration lassen sich gut im Unterricht thematisieren. Das Buch bietet
Ihnen hierfür einige Ideen.

Die Übungen sind für Kinder, Jugendliche und Erwachsene sinnvoll. Sie wurden so ausgewählt, dass sie von Kindern im Alter von 6–10 Jahren gut durchgeführt werden können. Dieses Buch richtet sich speziell an Grundschullehrer und ihre Schüler, lässt sich aber genauso gut in der Kinderbetreuung, im Kinder-Yoga-Unterricht oder in einem therapeutischen Setting einsetzen.

Dank an Ger und Annelies vom Verlag Panta Rhei für die großartige Unterstützung. Auch den Models in diesem Buch bin ich sehr dankbar: Luna, Eveline, Ayush und Mirta, ihr habt das toll gemacht!

Dieses Buch ermöglicht es, Achtsamkeit und Yoga in einer praktischen und spielerischen Weise in den Unterricht mit einzubeziehen. Darum widme ich es meinem großen, inspirierenden Lehrer Swami Satyananda Saraswati und allen Kindern, die ich unterrichten durfte und von denen ich so viel gelernt habe.

* Aus Gründen der besseren Lesbarkeit haben wir in diesem Buch durchgehend
  die männliche Form verwendet. Natürlich sind damit auch immer Frauen und
  Mädchen gemeint, also Lehrerinnen, Schülerinnen etc.

Einführung

ACHTSAMKEIT UND YOGA SIND ZWEI UNTERSCHIEDLICHE BEGRIFFE, DIE ABER VIELES GEMEIN HABEN. ACHTSAMKEIT IST EIN TEIL VON YOGA UND YOGA IST EIGENTLICH KEIN YOGA, WENN ES NICHT MIT ACHTSAMKEIT (MIT ANDACHT) AUSGEFÜHRT WIRD. BEIDE BEGRIFFE SOLLEN NUN IM FOLGENDEN ETWAS NÄHER ERLÄUTERT WERDEN.

WAS IST YOGA?

Yoga ist eine jahrhundertealte indische Lebensart, die heute auf der ganzen Welt praktiziert wird. Das Wort „Yoga" stammt aus dem Sanskrit und bedeutet „verbinden". Hier geht es darum, das Gleichgewicht von Körper, Geist und Gefühl herzustellen. Der Atem verbindet dabei Körper und Geist. Regelmäßige Durchführung eines ausbalancierten Yoga-Programmes bewirkt Kraft, Flexibilität und fördert das Gleichgewicht im Nerven- und Hormonsystem. Somit bietet Yoga Schutz gegen Krankheiten und vergrößert die Stressresistenz.

Ein komplettes Yoga-Programm besteht aus Yoga-Haltungen, Atem- und Konzentrationsübungen sowie Entspannung und Meditation. Ebenso werden Grundhaltungen von Respekt, Mitgefühl, Liebe und Andacht in die Übungen integriert.

Yoga-Übungen beeinflussen den gesamten Körper. Alle Muskeln und Gelenke werden bewegt, die inneren Organe in ihrer Funktion gestärkt und der Rücken wird stark und beweglich. Dies alles ist von großer Bedeutung für eine dauerhafte Gesundheit.

Spezielle Atemtechniken ermöglichen es, den Atem und dadurch die eigene Energie effektiv zu nutzen und das Konzentrationsvermögen zu steigern. Meditation fördert zudem die Heilkräfte des Körpers, während Entspannung es ermöglicht, zur Ruhe zu kommen und die Wahrnehmung weiterzuentwickeln.

YOGA FÜR KINDER

Yoga für Kinder unterscheidet sich vom Prinzip her nicht vom Yoga für Erwachsene, muss aber anders angeboten und angeleitet werden. Dabei ist es wichtig, beim Alter und der Entwicklungsphase des Kindes anzuknüpfen. Auch ist es wichtig, zu wissen, dass nicht alle Yoga-Haltungen, Atem- und Meditationstechniken für Kinder geeignet sind.

Yoga kann Kindern sehr viel geben. Es gibt weltweit immer mehr Menschen, die Yoga im Schulsystem verankern möchten. Kinder erfahren selbst, dass bereits ein paar kurze Momente Yoga in der Schule ihnen helfen, Unruhe, Angst und Stress zu regulieren. Sie berichten, dass es sie darin unterstützt, ihren eigenen Körper kennenzulernen und zu erfahren.
Yoga kommt dem natürlichen Bewegungsdrang der Kinder entgegen. Darüber hinaus soll Yoga dabei helfen, den Rücken gesund zu erhalten und den Atem zu regulieren, wodurch die Konzentration verstärkt wird. Das Lernen fällt dadurch leichter und in der Klasse entsteht eine positive, von Aufmerksamkeit und Spaß geprägte Atmosphäre.

Die Yoga-Übungen in diesem Buch lassen sich leicht in den Unterricht integrieren. So üben die Kinder einige Minuten am Tag Bewegung, Konzentration, Entspannung und Achtsamkeit. Das Schöne dabei ist, dass in den Yoga-Haltungen Bewegung und Achtsamkeit kombiniert werden.

WAS IST ACHTSAMKEIT?

Achtsamkeit bedeutet, in Ruhe zu versuchen, die Aufmerksamkeit auf den momentanen Zustand zu richten. Der menschliche Geist ist ständig abgelenkt und daran gewöhnt, immer mit der Vergangenheit oder der Zukunft beschäftigt zu sein. Dadurch geht der Augenblick im „Jetzt" verloren. Kinder sind oftmals noch fähig, sich ganz auf den Moment zu richten. Durch die vielen Sinneseindrücke, Erwartungen, Sorgen und den Druck des heutigen Lebens sind sie aber immer öfter auch mit dem Vorausplanen der Zukunft oder dem Reflektieren der Vergangenheit beschäftigt. Wenn Kindern in der Schule Achtsamkeit nähergebracht wird, können sie zu zufriedenen und ausgeglichenen Persönlichkeiten heranwachsen, die die Herausforderungen des Lebens gut meistern können.

Achtsamkeit ist ein Weg, um das, was ist, wahrzunehmen: Die Gefühle, die Gedanken, den Atem – und zwar ohne darüber zu urteilen. Im Westen neigt man dazu, Kinder zu fragen, ob etwas „schön" war oder nicht. Aber das Leben so zu erfahren, wie es wirklich ist, und nicht, wie wir es gern hätten, kann sehr wertvoll sein. Das bedeutet nicht, dass wir alles so lassen müssen, wie es ist, aber dass wir dazu fähig sind, mit einem klaren und wachen Geist unvoreingenommen darauf zu reagieren.

Achtsamkeit hat ihren Ursprung im Buddhismus und wurde durch Jon Kabat Zinn und seinen Ansatz des medizinischen Achtsamkeitstrainings MBSR (Mindfulness-Based Stress Reduction = Stressbewältigung durch Achtsamkeit) den Menschen im Westen zugänglich gemacht. Auch der bekannte Mönch und Friedensaktivist Thich Nhat Hanh hat viel zum Thema Achtsamkeit veröffentlicht. Wichtig in seinem Ansatz ist unter anderem das Mitgefühl mit uns selbst, füreinander und für die Welt, in der wir leben – die Natur.

Das Prinzip der Achtsamkeit wird weltweit in Firmen, Therapien, Schulen und Universitäten angewendet. Momentan beschäftigen sich viele Untersuchungen damit. Interessant ist, dass in diesen Veröffentlichungen die Begriffe „Achtsamkeit", „Meditation" und „Yoga" nicht genau definiert sind. Tatsächlich sind diese Begriffe und Konzepte eng miteinander verwoben. Sie bilden eine Einheit – wie Körper und Geist. Dabei verhält es sich wie mit dem Meer: Man kann einen Teil davon herausschöpfen, aber er bleibt immer noch ein Teil des Ganzen.

Achtsamkeit weckt vielleicht etwas seriösere Assoziationen als Yoga und Meditation. Man denkt hierbei eventuell an Stillsitzen mit geschlossenen Augen. Doch es gibt viel mehr zu entdecken und zu üben. Oft kann gerade durch Bewegungen und durch Miteinbeziehung von Sinneserfahrungen geübt werden.

Die Übungen in diesem Buch sind spielerisch und praktisch gestaltet. Yoga für Kinder erhält stets mehr Aufmerksamkeit, aber Achtsamkeit innerhalb des Yoga wird oft nicht erfahren. In diesem Buch wurden Achtsamkeits- und Yogaübungen miteinander kombiniert. Die Bewegungen des authentischen

Yoga, achtsam ausgeführt, geben Kindern viel. An erster Stelle kommt es dem natürlichen Bewegungsdrang der Kinder entgegen. Im Klassenzimmer gibt es nicht genug Raum für Bewegungen, obwohl diese sehr wichtig sind, sowohl für den Körper als auch für den Geist und die Atmung. An zweiter Stelle können Kinder sehr viel über ihr Selbstbewusstsein, ihr Körperbewusstsein, ihre Gefühle und Selbstakzeptanz erfahren, gerade indem sie ihren Körper einsetzen. Natürlich ist es wichtig, bei den Übungen die Entwicklungsphase und das Alter der Kinder zu berücksichtigen. Und dabei darf es auch leicht, locker und fröhlich zugehen.

DIE POSITIVE WIRKUNG VON ACHTSAMKEIT, YOGA UND MEDITATION

- fördern die Konzentration
- fördern Körperbewusstsein
- fördern Selbstbewusstsein
- lehren, Respekt vor dem eigenen Körper zu haben
- fördern Mitgefühl mit sich selbst und anderen
- fördern Respekt für die Welt, Menschen, Tiere und die Natur
- fördern Beobachtungsvermögen
- fördern die Selbst- und Fremdwahrnehmung
- fördern Verständnis und Aufmerksamkeit für andere
- fördern das Respektieren von verschiedenen Standpunkten
- fördern die Entwicklung der Sinne
- fördern Ruhe und den Kontakt mit sich selbst
- helfen Kindern, mit dem Druck von sozialen Medien umzugehen
- lehren Kinder, sich zu entspannen
- helfen Kindern, mit schwierigen Emotionen umzugehen
- helfen beim Regulieren von Angst, Unruhe, Zorn
- helfen Kindern zu lernen, selbst zu filtern, was sie zulassen möchten und was nicht
- fördern Stressbeständigkeit
- lassen Bewegung ohne Unruhe zu
- fördern kreatives Denken
- helfen Kindern, sich zu erden

ZUM AUFBAU DES BUCHES

Dieses Buch besteht aus vier Kapiteln, die sich gegenseitig ergänzen. Manche Übungen lassen sich jedem Kapitel zuordnen. Die vorgenommene Zuordnung ist keine Schwarz-weiß-Einteilung, eher eine Hilfestellung, um eine Struktur zu schaffen.

Das erste Praxis-Kapitel des Buches beschreibt mit Bewegung verbundene Yoga-Haltungen, die sich leicht und direkt im Unterricht umsetzen lassen. Manche Haltungen werden im Sitzen geübt, manche im Stehen. Die Ruhe in der Klasse bleibt erhalten, da die Kinder an ihrem Platz bleiben und keine Tische und Stühle hin- und hergeschoben werden müssen.

Jede Übung ist so sorgfältig beschrieben, dass Sie die Anleitung einfach vorlesen können. Unter dem Punkt „Das bringt's" wird zunächst die physische und emotionale Wirkung der Übung genannt.
Ergänzende Hinweise zu den Einsatzmöglichkeiten finden sich unter dem Punkt „Tipp". Manche Übungen sind z. B. vor einer Prüfung sehr nützlich, andere sind besonders geeignet, um die Klasse zur Ruhe zu bringen. Des Weiteren finden sich unter dem Punkt „Achtsamkeit" eine Frage oder ein Wahrnehmungsimpuls, wodurch die Übung von den Kindern etwas anders erfahren oder intensiver erlebt werden kann. Das gibt Ihnen als Lehrkraft die Möglichkeit, zu variieren, je nachdem, worauf das Augenmerk gerichtet sein soll. Manchmal kann die physische Erfahrung im Vordergrund stehen, manchmal das Wahrnehmen von Gefühlen oder die Achtsamkeit. Tatsächlich werden aber alle drei Ebenen berührt und aktiviert, vorausgesetzt, die Kinder werden ruhig und ohne den Druck, alles „schnell" und „richtig" machen zu müssen, angeleitet.

Das zweite Praxis-Kapitel beschreibt Achtsamkeitsübungen und Yoga-Techniken, die Achtsamkeit bereits in sich tragen, z. B. Atemübungen. Der Atem ist sehr wichtig. Kontakt mit unserer Atmung bringt uns in das „Hier und Jetzt". Auch die Entwicklung der Sinne verbindet uns mit dem momentanen Augenblick und beruhigt uns. Zielgerichtete Aufmerksamkeit, Atem, Entspannung, Bewusstsein, Positivität und Dankbarkeit sind die wichtigsten Merkmale dieser Übungen.

Das dritte Praxis-Kapitel beinhaltet Meditationen für Kinder in Form von Visualisierungen oder Achtsamkeitsmeditationen. Visualisierungen stimulieren das kreative Denken und das Vorstellungsvermögen. Achtsamkeitsmeditationen bewirken Körperbewusstsein und Wahrnehmung dessen, was ist, ohne zu urteilen. Alle Meditationen helfen den Kindern dabei, sich zu entspannen. Hörverständnis, zielgerichtete Aufmerksamkeit, Mitgefühl und Vorstellungsvermögen werden stimuliert und entwickelt.

Das vierte Praxis-Kapitel besteht aus fünf Geschichten, mit denen Sie im Unterricht auf verschiedene Weise arbeiten können. Das Vorlesen dieser Geschichten vermittelt eine Botschaft über Aspekte von Achtsamkeit wie Konzentration, Zusammenarbeit, Mitgefühl, den Wert von Freundschaft, Leben im „Jetzt". Dies sind wichtige Themen, die an die Übungen dieses Buches anknüpfen. Die Geschichten können auch die Grundlage für Aktivitäten, Gruppengespräche oder Yoga-Haltungen sein. Zu jeder Geschichte gibt es einige Fragen und Anregungen, die Sie mit den Kindern gemeinsam bearbeiten können.

Zusammenfassend lässt sich sagen, dass jede Übung Aspekte von Achtsamkeit beinhaltet. Sie können eine passende Übung auswählen, diese variieren und mit einer anderen Übung kombinieren. Dadurch bleibt es für die Kinder interessant und abwechslungsreich.

HÄUFIG GESTELLTE FRAGEN

WAS IST DER UNTERSCHIED ZWISCHEN YOGA, ACHTSAMKEIT UND MEDITATION?

Diese Begriffe werden oft unterschiedlich verwendet. Die Verwirrung entsteht, wenn Yoga nur als physische Übung ausgeführt, Achtsamkeit nur stillsitzend geübt und Meditation damit gleichgesetzt wird, lange still zu sein. Achtsamkeit bedeutet zielgerichtete Aufmerksamkeit im Jetzt. Diese kann unter anderem durch Yoga und spezielle Achtsamkeitsübungen erreicht werden. Meditation führt uns in den aktuellen Moment und beinhaltet dadurch Achtsamkeit. Es gibt eigentlich keinen Unterschied,

man kann es z. B. mit Schwimmen vergleichen: Es gibt verschiedene Techniken – Brustschwimmen, Kraulen, Rückenschwimmen etc. –, aber letztendlich ist alles Schwimmen! Und bevor man nicht selbst ins Wasser steigt und es einfach macht, können einem Worte diese Erfahrung nicht ausreichend erklären. So ist es auch mit Achtsamkeit.

WIE LANGE MÜSSEN KINDER DIE YOGA-HALTUNGEN EINNEHMEN?

Es ist wichtig, dass Kinder die Haltungen nicht lange einnehmen. Sie nehmen die Haltungen gerade lange genug ein, um die Wirkung zu erfahren, und lösen sich dann wieder. Kinder sind noch im Wachstum. Darum ist es wichtig, dass sie nicht statisch üben, sondern in Bewegung bleiben. Es passt auch zur Erlebniswelt der Kinder, dynamisch zu sein. Die Haltungen können bei Bedarf wiederholt werden, um den Effekt zu verstärken.

SIND ACHTSAMKEIT, YOGA UND MEDITATION NICHT SEHR ERNSTHAFT UND DADURCH FÜR KINDER LANGWEILIG?

Es ist wahr, dass es ernsthafte Übungen sind, in dem Sinne, dass sie sehr wertvoll sind und nicht einfach kleine Spielchen für zwischendurch. Aber sie sind nicht zu schwer oder langweilig. Es ist wichtig, an die Erlebniswelt der Kinder anzuknüpfen. Dadurch können Yoga-Haltungen z. B. oft die Beziehung zur Natur verstärken. Die Bewegungen sprechen die Kinder an und diese haben Spaß an den Haltungen.

So ist es auch mit den Meditationen. Es ist herrlich, wenn man als Kind seine Fantasie entfalten kann, was in der heutigen Gesellschaft immer weniger möglich ist, da die Technik im Vordergrund steht. Die Achtsamkeitsübungen und -anweisungen geben Kindern Ruhe und Entspannung, etwas, das in dieser turbulenten Gesellschaft voller Unsicherheiten ein großer Gewinn ist.

MUSS ICH DEN KINDERN ERZÄHLEN, DASS WIR ACHTSAMKEITSÜBUNGEN UND YOGA MACHEN?

Es ist gut, dass Kinder wissen, wie wichtig diese Konzepte sind, aber Sie brauchen es ihnen nicht ausführlich zu erklären. Die eigene Erfahrung und die Tatsache, dass alles so sein darf, wie es ist, ist hierbei am wichtigsten. Die Kinder müssen nicht durch eine bestimmte Übung ruhig oder kraftvoller werden, sondern sie dürfen absichtslos üben. Wir üben bewusste Aufmerksamkeit, damit wir uns nicht unnötig über die Zukunft Sorgen machen oder mit der Vergangenheit beschäftigt sind.

IST ES NICHT WICHTIG, DASS MAN SICH AUF DIE ZUKUNFT VORBEREITET UND DIE VERGANGENHEIT REFLEKTIERT?

Die beste Möglichkeit, sich auf die Zukunft vorzubereiten, ist, die Gegenwart uneingeschränkt zu erleben. Dadurch lebt man das Leben und erledigt seine Aufgaben so gut, wie es einem in dem Moment möglich ist. Man entwickelt sich selbst, seine Talente und Möglichkeiten, ohne Angst oder Erwartungen. Natürlich kann man Pläne schmieden und sich auf später freuen; und auch Unruhe und Angst können ein natürliches Gefühl sein. Aber in unserer heutigen Lebensweise verpassen wir oft den gegenwärtigen Augenblick. Daraus folgt, dass wir oft unnötig ängstlich, gestresst oder unsicher sind. Wir beschäftigen uns auch oft mit der Vergangenheit in Form von Bedauern oder dass wir die Zeit wieder zurückdrehen möchten. Da gilt auch für Kinder. Aber das Leben ist immer in Bewegung, wie ein Tanz. Die Vergangenheit ist vorbei. Natürlich bedeutet das nicht, dass Trauer, Traurigkeit oder Bedauern nicht sein dürfen. Diese Gefühle dürfen alle wahrgenommen werden. Aber auch sie verändern sich durch Achtsamkeit, Yoga und Meditation und bekommen einen neuen Platz. Dann ist man frei, um im Hier und Jetzt weiterzugehen.

Achtsamkeit, Yoga und Meditation sind grundlegende Fähigkeiten. Genauso wie ein Facharbeiter sein Werkzeug braucht, um seine Arbeit machen zu können, so brauchen Menschen Hilfsmittel, um ihren Weg zu finden und ein gutes Leben zu führen. Man kann es mit einem Koffer voller Werkzeug vergleichen: Die Übungen in diesem Buch sind solche Werkzeuge, die die Kinder mit auf ihren Weg bekommen.

IST ES GUT, MIT DEN KINDERN ÜBER IHRE ERFAHRUNGEN MIT DEN ÜBUNGEN ZU SPRECHEN?

Manchmal, aber nicht immer. Aber es ist wichtig, den Kindern den Raum zu geben, wenn sie etwas mitteilen möchten. Stellen Sie immer offene Fragen: „Wie war es?" anstelle von „War das schön?" Genauso wichtig ist es, dass die Kinder lernen, dass auch das Mitteilen manchmal warten muss oder nicht immer nötig ist. Zwischenrufe während der Übungen sind nicht angebracht. Sie können vorab besprechen, dass nach den Übungen Zeit für ein Gespräch ist, vor allen Dingen dann, wenn die Übungen noch neu und fremd sind. Manchmal kann es auch schön sein, nach einer Meditation oder Achtsamkeitsübung etwas zu malen, zu modellieren oder ein Gedicht zu schreiben. Zu viele Worte können die Wirkung einer Übung manchmal verhindern. Ihre Aufmerksamkeit und Intuition als Lehrkraft sind hierbei gefragt. Beides wird unter anderem entwickelt, indem Sie selbst Yoga, Achtsamkeit und Meditation praktizieren.

WARUM GIBT ES IN DIESEM BUCH KEINE ATEMÜBUNGEN, BEI DENEN MAN DIE ATEMZÜGE ZÄHLT? DAS IST DOCH BEI ACHTSAMKEITS-ÜBUNGEN SEHR WICHTIG?

Der Atem ist eine sehr wichtige und praktische Möglichkeit, um im Hier und Jetzt anzukommen. Für Kinder und Jugendliche ist es allerdings nicht sinnvoll, den Atem zu beeinflussen, indem man ihn zählt. Es stimmt, dass bei vielen Achtsamkeitsübungen für Erwachsene der Atem gezählt wird, z. B. auf vier Zeiten einatmen und auf acht Zeiten ausatmen. Es ist sehr gut, das Ausatmen zu verlängern, denn es beruhigt das vegetative Nervensystem. Das ist der Teil des Nervensystems, über den wir keine bewusste Kontrolle haben und in dem die Stressreaktionen angesiedelt sind. Somit sind Übungen, die den Atem regulieren, sehr wichtig.
Wenn wir Kindern allerdings beibringen, wie sie ihren Atem zählen sollen, zeigen wir ihnen etwas, das für sie noch nicht relevant ist. Wir würden etwas beeinflussen, wovon wir die Folgen nicht überblicken können. Vielleicht würden sie ihren Atem anhalten oder ganz stark einatmen. Vielleicht würden sie es zu Hause ganz intensiv üben und damit ihr Nervensystem überfordern. Wir müssen damit also vorsichtig sein. Darum sind die Atemübungen in

diesem Buch so angelegt, dass sie die Ausatmung verlängern, aber in einer spielerischen Weise und wie von selbst. Sie brauchen bei der Anleitung nicht speziell darauf einzugehen. Es ist sehr wichtig, dass die Kinder auf eine natürliche Weise atmen, nicht nach Anweisungen, wie lange sie ein- und ausatmen müssen.

IN DIESEM BUCH GEHT ES UM DIE ARBEIT MIT KINDERN. UM WELCHES ALTER GEHT ES EIGENTLICH?

Obwohl die Fotos Kinder in der Grundschule zeigen, sind sie auch für ältere Klassen geeignet. Die Lehrer können meistens sehr gut einschätzen, welche Übungen für ihre Klasse geeignet sind. Man kann damit auch experimentieren –, und wenn etwas einmal nicht so gut gelingt, ist es auch nicht schlimm. Manchmal hat es vielleicht den Anschein, eine Übung wäre nicht gelungen, weil die Kinder lärmen und lachen. Und doch ist es möglich, dass ein einziges Kind mit einem Impuls und einer Erfahrung nach Hause geht, die ein Leben lang hilfreich sein können.

GIBT ES AUCH ÜBUNGEN, BEI DENEN ZU VIEL BEWIRKT WIRD, Z.B. BEI KINDERN MIT EINEM TRAUMA?

Es ist wichtig, dass Sie die Auswirkungen einer Übung beobachten. Achtsamkeitsübungen führen Kinder mehr zu sich selbst und dadurch auch näher zu den Gefühlen von Traurigkeit, Angst oder Wut. Wenn ein Kind heftig reagiert, ist es wichtig, ruhig zu bleiben und ihm die Möglichkeit zu geben, darüber zu sprechen oder sich in einer anderen Form dazu zu äußern, z.B. durch eine Zeichnung. Alle Übungen können etwas in Bewegung bringen, aber meistens ist das gut. Wir provozieren es auch nicht. Die Übungen sind absichtlich kurz und spielerisch. Mit Kindern möchten wir keine langen Besinnungsübungen oder tiefe Innenschauen erreichen. Gerade bei ängstlichen Kindern ist das Bewusstsein des gegenwärtigen Momentes sehr wichtig und man kann den Fokus auf das Entwickeln der Sinne und des Körperbewusstseins richten.

SIND DIE ÜBUNGEN AUCH FÜR KINDER IN DER FÖRDERSCHULE GEEIGNET?

Ja, sicher! Die Übungen können für jedes Kind hilfreich sein, auch für Kinder mit besonderem Förderbedarf.

MUSS ICH EINE BESTIMMTE REIHENFOLGE ODER EINE FESTE ZEIT FÜR DIE ÜBUNGEN EINHALTEN?

Nein, das ist nicht nötig. Allerdings kann es für manche Kinder hilfreich sein, wenn sie wissen, dass jeder Tag mit einer Achtsamkeitsübung beginnt und endet. Zusätzlich kann dies die Atmosphäre und das Lernklima positiv beeinflussen und dazu beitragen, dass die Kinder in einer harmonischen Stimmung nach Hause gehen. Sie können Übungen aus diesem Buch auswählen, um die Konzentration zu verstärken, zur Beruhigung vor einer Klassenarbeit oder um für einen Ausgleich zu sorgen, nachdem lange stillgesessen und geschrieben worden ist.

KÖNNEN ACHTSAMKEIT, YOGA UND MEDITATION DABEI HELFEN, DEN EINFLUSS DER SOZIALEN MEDIEN EINZUSCHRÄNKEN?

Der Einfluss von sozialen Medien und Technologien ist groß. Schon früh arbeiten die Kinder in der Schule mit Computern und vor allem Jugendliche nutzen die sozialen Medien sehr häufig. Immer öfter stellen Ärzte und Psychologen bei jungen Erwachsenen fest, dass sie von Computer oder Handy abhängig sind. Kinder werden durch den häufigen Gebrauch von sozialen Medien unsicher und sind leicht zu beeinflussen. Sie müssen lernen, zu selektieren und die Medien sinnvoll zu nutzen. Achtsamkeitsübungen sind dabei sehr hilfreich. Wer seine Aufmerksamkeit zielgerichtet einsetzt, kann Medien auch auf eine gesunde Weise nutzen. Kontakte und Beziehungen können in der realen Welt gestaltet und erlebt werden. Selbstverständlich bleiben alle Handys, PCs, Laptops etc. während der Übungen ausgeschaltet und außerhalb der Reichweite der Kinder.

WAS SOLL ICH MACHEN, WENN DIE SCHÜLER WÄHREND DER ÜBUNGEN IMMER LACHEN ODER ES ZU VIELE STÖRENFRIEDE GIBT?

Es ist gut möglich, dass die Kinder zunächst lachen oder unruhig sind. Kinder haben eine natürliche Begeisterungsfähigkeit und für viele ist diese Art der Bewegung eine neue Erfahrung, also auch mit Unsicherheit und Angst verbunden. Das äußert sich dann durch Reden, Lachen und andere, eher unerwünschte Beiträge. Natürlich darf während der Übungen gelacht werden – Lachen ist gut! Wenn es aber immer unruhiger wird und das Lachen und Kichern auch bei den Stille-Übungen nicht aufhören, sollten Sie mit den Yoga-Haltungen beginnen. Dabei können die Kinder sich bewegen, die Spannung wird abgebaut, das Lachen stört weniger und die Konzentration wird durch die Übungen selbst und nicht durch die Stille hergestellt. Danach können die Meditationsübungen leichter angeleitet werden.

MÜSSEN DIE KINDER WÄHREND DER MEDITATION DIE AUGEN GESCHLOSSEN HALTEN?

Bei manchen Übungen ist es besser, die Augen geschlossen zu halten. Die Kinder können dann besser bei sich selbst bleiben, die Augen können sich ausruhen und das Vorstellungsvermögen wird entwickelt. Manche Kinder wollen oder können ihre Augen allerdings nicht schließen, weil sie sich nicht sicher genug fühlen. Sie können als Lehrkraft ruhig die Anweisung geben, die Augen zu schließen. Aber wenn die Kinder ihre Augen wieder öffnen, ist das in Ordnung. Eine andere Möglichkeit ist es, den Kindern zu sagen, dass sie den Blick nach unten zum Boden richten sollen, wenn sie die Augen nicht geschlossen halten wollen. So können sie mit ihrer Aufmerksamkeit bei sich selbst bleiben.

WIE KANN ICH DEN ELTERN ERKLÄREN, WAS ACHTSAMKEIT UND YOGA SIND?

Achtsamkeit und Yoga sind praktische Übungen. Es sind gesunde Bewegungen, die das Körperbewusstsein steigern, die Konzentration und Entspannung fördern, den Respekt vor sich selbst und anderen unterstützen. Dadurch können die Kinder besser lernen und es entsteht eine positive Atmosphäre in der Klasse.

YOGA-HALTUNGEN und ACHTSAMKEIT

Baum

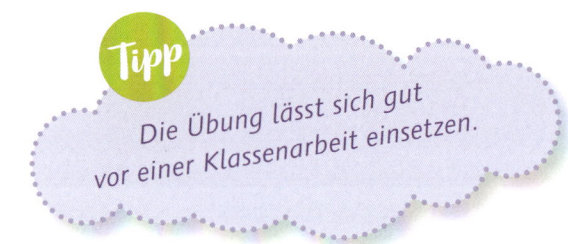

Tipp

Die Übung lässt sich gut vor einer Klassenarbeit einsetzen.

DAS BRINGT'S

Diese Übung ist gut für die Konzentration, die Atmung, den Gleichgewichtssinn und das Körperbewusstsein.

SO GEHT'S

1. Stelle dich neben deinen Stuhl und halte dich mit einer Hand an der Lehne fest.

2. Stelle dich auf das Bein, das neben dem Stuhl steht. Stelle dir vor, dass dieses Bein der Stamm eines großen Baumes ist. Unter deinem Fuß wachsen die Wurzeln in die Erde.

3. Hebe deinen anderen Fuß zum Knie und setze ihn an der Innenseite ab. **Achtung:** Dein Fuß ist nicht direkt am Knie, sondern etwa eine Hand breit darunter. Das angewinkelte Knie zeigt nach außen.

4. Strecke deinen freien Arm wie einen großen Ast hoch und spreize deine Finger wie kleine Zweige. Wenn du das Gleichgewicht halten kannst, nimm den anderen Arm auch hoch und spreize ebenfalls die Finger.

5. Schaue die ganze Zeit auf einen festen Punkt geradeaus, damit du das Gleichgewicht und die Konzentration halten kannst. Nichts kann dich ablenken.

6. Stelle dich nun auf die andere Seite deines Stuhls und wiederhole die Übung auf dem anderen Bein.

ACHTSAMKEIT

Fühle den Kontakt deiner Füße mit dem Boden. Wenn du die Übung zur einen Seite gemacht hast, stelle dich einen Moment ruhig hin, schließe die Augen und spüre nach: Fühlen sich beide Körperseiten gleich an oder gibt es einen Unterschied?

Krieger

DAS BRINGT'S

Diese Übung ist gut für die Konzentration und stärkt Körper und Psyche.

SO GEHT'S

1. Stelle dich hinter deinen Stuhl, die Beine weit auseinander.

2. Drehe den rechten Fuß so, dass deine Fußspitze nach rechts zeigt. Drehe deinen Oberkörper in die gleiche Richtung.

3. Strecke deinen rechten Arm auf Schulterhöhe nach vorn, den linken Arm nach hinten.

4. Beuge das rechte Knie. Dein Unterschenkel zeigt nun gerade nach oben. Das linke Bein ist gestreckt. Halte diese Position und fixiere einen Punkt geradeaus vor dir.

5. Atme tief und ruhig durch.

6. Stelle dir vor, dass du so kraftvoll wie ein Krieger bist. Dein Körper wird stark und innerlich wirst du mutig und tapfer.

7. Gehe zurück in die Ausgangsposition und wiederhole die Übung mit dem linken Bein.

ACHTSAMKEIT

Was geschieht in dieser Haltung mit deinem Atem? Und danach? Ist es nötig, für Kraft alles anzuspannen? Oder gerade nicht? Was ist innerliche Kraft und wie zeigt sie sich äußerlich?

Tipp

Die Übung eignet sich gut für schüchterne Schüler oder Kinder mit Versagensängsten.

Adler (sitzend)

DAS BRINGT'S

Bei dieser Übung dehnen die Kinder ihre Arme und Schultern.

SO GEHT'S

1. Setze dich aufrecht hin. Die Füße sind fest auf dem Boden.

2. Strecke deine Arme gerade nach vorn und überkreuze sie in Höhe der Ellbogen. Der rechte Arm liegt nun oben.

3. Beuge die Arme und lege die Handflächen aufeinander. Halte dabei die Ellbogen ein wenig von deinem Körper weg.

4. Richte deinen Blick auf deine Hände und atme gleichmäßig.

5. Gehe zurück in die Ausgangsposition und wiederhole die Übung. Nun liegt der linke Arm oben.

ACHTSAMKEIT

Was sind die Eigenschaften eines Adlers? Was kann ein Adler besonders gut (Konzentration, Kraft, Geduld)? Fühlst du diese Eigenschaften, wenn du diese Haltung einnimmst?

Tipp

Die Übung ist sinnvoll vor oder nach einer Tätigkeit, die viel Schreiben oder Computerarbeit beinhaltet.

Adler (stehend)

DAS BRINGT'S

Diese Übung fördert den Gleichgewichtssinn, die Konzentration sowie die physische und mentale Balance der Kinder. Sie reguliert außerdem ihr vegetatives Nervensystem.

SO GEHT'S

1. Stelle dich neben deinen Stuhl und halte dich mit einer Hand an der Lehne fest.

2. Fühle, wie deine beiden Füße fest auf dem Boden stehen.

3. Stelle dich nun langsam auf das rechte Bein und beuge es ein wenig.

4. Schlinge das linke Bein von vorn um das rechte Bein herum, als ob du dich einwickeltest. Dein Fuß berührt die Hinterseite deiner Wade (s. S. 27).

5. Du baust eine leichte Körperspannung auf und fühlst dich stark.

6. Breite deine Arme seitlich von deinem Körper aus, wie die Flügel eines Adlers (s. S. 28). Wenn du aus dem Gleichgewicht gerätst, halte dich wieder am Stuhl fest. Dein Blick ist auf einen festen Punkt gerichtet.

7. Wenn du möchtest, kannst du die Arme wie beim *sitzenden Adler* (s. S. 24 und S. 29) ineinanderlegen.

8. Gehe zurück in die Ausgangsposition und wiederhole die Übung mit dem linken Bein.

ACHTSAMKEIT

Was hilft dir, dich in dieser Haltung zu konzentrieren?
Kannst du das auch in anderen Momenten anwenden?

Tipp

Die Übung ist sinnvoll vor einer Klassenarbeit oder wenn die Klasse unruhig ist. Auch für Kinder mit ADHS ist sie gut geeignet.

Dreieck

DAS BRINGT'S

Diese Übung unterstützt die Muskulatur und Flexibilität der Beine. Die Kinder dehnen ihre Arme, ihren Rücken und ihre Lungen und spüren gleichzeitig den Kontakt zur Erde.

SO GEHT'S

1. Stelle dich hinter deinen Stuhl, die Beine weit auseinander.
2. Drehe den linken Fuß so, dass deine Fußspitze nach links zeigt.
3. Strecke deine Arme auf Schulterhöhe zur Seite aus.
4. Atme ruhig und gleichmäßig weiter.
5. Lege den linken Arm auf den linken Oberschenkel.
6. Strecke den rechten Arm nach oben.
7. Dein Körper ist so in verschiedenen Dreieckshaltungen.
8. Gehe zurück in die Ausgangsposition und wiederhole die Übung mit dem rechten Bein.

ACHTSAMKEIT

Fühle den Kontakt deiner Füße mit dem Boden. Spüre die Dehnung deiner Arme in der Luft. Spüre den Atem in deinem Körper.

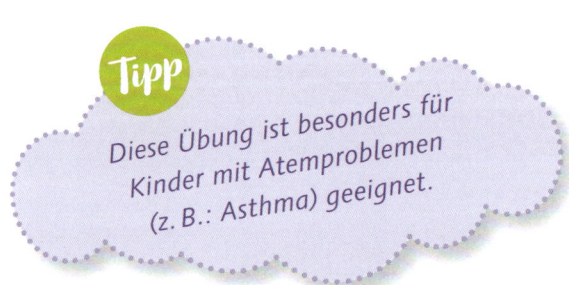

Tipp

Diese Übung ist besonders für Kinder mit Atemproblemen (z. B.: Asthma) geeignet.

Flamingo

DAS BRINGT'S

Diese Übung ist gut für die Konzentration. Sie kräftigt die Beine und fördert den Gleichgewichtssinn der Kinder.

SO GEHT'S

1. Stelle dich neben deinen Stuhl.

2. Stelle dich nun langsam auf das rechte Bein.

3. Beuge das linke Bein und stelle deinen Fuß auf das Knie des Standbeines. **Achtung:** Dein Fuß liegt ganz vorsichtig auf deinem Knie und drückt dein Bein nicht nach hinten.

4. Lege deine Hände auf das Knie des gebeugten Beines.

5. Stelle dir vor, dass du ein Flamingo bist, ein schöner, großer Vogel, der sich sehr gut konzentrieren kann.

6. Atme ruhig und gleichmäßig weiter.

7. Gehe zurück in die Ausgangsposition und wiederhole die Übung mit dem linken Bein.

ACHTSAMKEIT

In dieser Haltung konzentrierst du dich zunächst auf den Fuß, auf dem du stehst. Wie fühlt sich dein Fuß an? Fühlt er sich so an, als ob er dich allein tragen kann? Wechsle nun das Standbein. Wie fühlt sich die andere Seite an? Spürst du einen Unterschied?

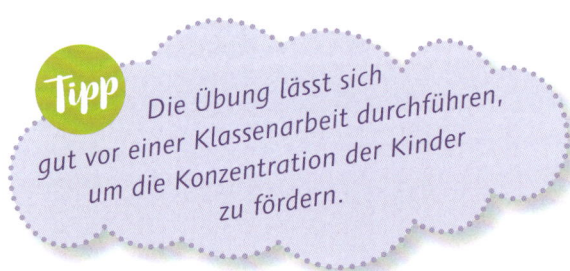

Tipp Die Übung lässt sich gut vor einer Klassenarbeit durchführen, um die Konzentration der Kinder zu fördern.

Pyramide

DAS BRINGT'S

Diese Übung fördert eine tiefe Atmung und das Körperbewusstsein. Die Kinder dehnen ihren Oberkörper und spüren gleichzeitig den Kontakt zur Erde.

SO GEHT'S

1. Stelle dich hinter deinen Stuhl, die Beine weit auseinander.

2. Die Fußspitzen zeigen nach vorn.

3. Strecke deine Arme mit den Handinnenflächen gegeneinander nach oben.

4. Atme tief und ruhig.

ACHTSAMKEIT

Spüre deine Füße fest am Boden. Wie fühlt es sich an, wenn du bewusst mit dem Boden unter dir Kontakt aufnimmst?

Tipp

Diese Übung ist besonders für unruhige und nervöse Kinder geeignet. Sie hilft ihnen, ihren Atem und Körper zu stabilisieren und sich zu erden.

Holzhacker

DAS BRINGT'S

Diese Übung hilft den Kindern, überschüssige Energie loszuwerden.
Sie reinigt die Lungen und beugt Erkältungen und Infektionen vor.

SO GEHT'S

1. Stelle dich neben deinen Stuhl, die Beine weit auseinander.

2. Drehe deine Fußspitzen etwas nach außen.

3. Stelle dir vor, dass du eine Axt fest in den Händen hältst.
   Du hebst die Axt hoch und beugst dich dabei mit gefalteten
   Händen weit nach hinten.

4. Atme mit geschlossenem Mund ein.

5. Stelle dir einen großen Holzblock vor, den du in der Mitte durchhackst.
   Mit einem lauten „HA!" schlägst du zu.

6. Halte den Kopf nun gerade (sonst wird dir schwindelig),
   beuge die Knie und setze die Axt auf dem Boden ab.

7. Wiederhole diese Übung fünf Mal.

ACHTSAMKEIT

Stehe vor dieser Übung zunächst ganz still da.
Wie fühlt sich dein Kopf an? Machst du dir viele
Gedanken oder bist du innerlich ruhig? Hast du
viel oder wenig Energie? **Und nach der Übung:**
Wie fühlst du dich jetzt? Spürst du einen Unterschied
in deinem Kopf und in deinem Körper?

Tipp Die Übung ist sinnvoll vor einer Klassenarbeit, oder wenn die Klasse unruhig ist. Auch für Kinder mit ADHS ist sie gut geeignet.

Knöchel drehen

DAS BRINGT'S

Diese Übung fördert Konzentration und Körperbewusstsein sowie die Beweglichkeit der Knöchel. Dabei nehmen die Kinder ihre Beine und Füße bewusst wahr, etwas, das im Schulalltag oft zu kurz kommt.

SO GEHT'S

1. Setze dich aufrecht hin und lege deine Hände auf den Tisch oder auf deine Oberschenkel.

2. Strecke ein Bein nach vorn, hebe es ein wenig vom Boden ab und drehe langsam mit deinem Fuß Kreise. Fünf Mal in die eine Richtung, dann fünf Mal in die andere.

3. Gehe zurück in die Ausgangsposition und wiederhole die Übung mit dem anderen Fuß.

ACHTSAMKEIT

Spüre deine Füße. Wie fühlen sie sich an? Spüre deine Knöchel. Fühlen sie sich weich oder steif an? Haben sie Lust auf Bewegung? Wie fühlen sie sich nach der Übung an? Gibt es einen Unterschied?

Tipp Mit kalten Füßen können sich die Kinder schwerer konzentrieren. Diese Übung hilft dagegen.

Füße strecken

Tipp Die Übung macht müde Klassen wieder munter und gibt ihnen neue Energie.

DAS BRINGT'S

Bei dieser Übung dehnen die Kinder jeweils ihren Fuß, ihren Knöchel und das gesamte Bein. Die Übung beugt Steifheit vor und aktiviert den ganzen Körper.

SO GEHT'S

1. Setze dich aufrecht hin und lege deine Hände auf den Tisch oder auf deine Oberschenkel.

2. Atme ruhig und gleichmäßig.

3. Strecke ein Bein nach vorn und hebe es ein wenig vom Boden ab.

4. Ziehe dann langsam deine Fußspitze so weit wie möglich nach unten und dann so weit wie möglich hinauf.

5. Mache diese Übung fünf Mal.

6. Gehe zurück in die Ausgangsposition und wiederhole die Übung mit dem anderen Fuß.

ACHTSAMKEIT

Spürst du deine Füße? Deine Füße tragen dich den ganzen Tag. Vielleicht möchtest du dich bei ihnen einmal dafür bedanken? Wie fühlen sich deine Füße vor und nach der Übung an? Ist die Dehnung angenehm? Fühlen sie sich munter an? Kribbeln sie vielleicht ein wenig? Sind sie warm oder kalt?

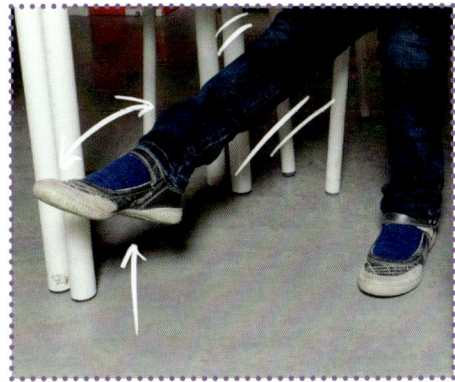
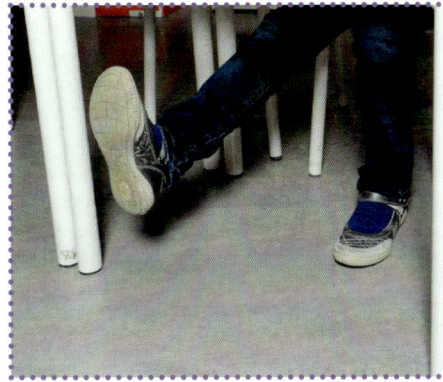

Löwe

DAS BRINGT'S

Diese Übung reinigt die Lungen und beugt Erkältungen vor. Sie entspannt die Kinder und befreit sie von überflüssiger Energie. Das Lernen fällt ihnen nun leichter.

SO GEHT'S

1. Setze dich aufrecht hin. Die Füße sind fest auf dem Boden.

2. Stelle dir einen Löwen vor, ein sehr starkes Tier.

3. Atme ruhig und mit geschlossenem Mund.

4. Beim Ausatmen streckst du nun deine Zunge so weit wie möglich heraus und rufst „Aaaa!" Gleichzeitig schlägst du mit deinen Händen wie mit Löwenklauen in die Luft. **Achtung:** Der Aaaa-Laut kommt tief aus deinem Bauch, nicht aus deiner Kehle. Wenn du hustest, machst du die Übung zu schnell. Atme ruhig ein, ohne Hast und Eile.

5. Wiederhole diese Übung drei Mal.

ACHTSAMKEIT

Wie fühlst du dich, wenn du einen Laut von dir gibst?
Wie fühlst du dich nach dieser Übung?

Tipp Die Übung ist besonders für schüchterne Kinder oder Schüler mit Versagensängsten und Sprachstörungen (z. B.: Stottern) geeignet. Auf überdrehte Kinder wirkt sie beruhigend.

Sonnengruß (sitzend)

DAS BRINGT'S

Die Übung stimuliert eine gute und tiefe Atmung. Sie dehnt den Rücken und verschafft den inneren Organen mehr Raum.

SO GEHT'S

1. Schiebe deinen Stuhl etwas nach hinten.

2. Setze dich aufrecht hin, etwas mehr auf die Vorderkante deines Stuhls. Dein Rücken berührt die Stuhllehne nicht.

3. Stelle die Füße nebeneinander auf den Boden.

4. Strecke die Arme hoch und halte sie dicht am Kopf.

5. Hebe deinen Brustkorb, das Herz in Richtung Sonne.

6. Dein Kopf geht mit der Bewegung mit, dein Rücken beugt sich nach hinten.

7. Atme ein paar Atemzüge ruhig und gleichmäßig weiter.

8. Gehe langsam zurück in die Ausgangsposition und wiederhole die Übung noch ein bis zwei Mal.

ACHTSAMKEIT

Setze dich ruhig und still hin. Lege deine Hand auf dein Herz, bevor du diese Übung machst. Nimm Kontakt mit dir selbst auf. Aus dieser Konzentration heraus dehnst du dich nach hinten und hebst dein Herz zur Sonne.

Tipp

Die Übung macht müde Klassen wieder munter und gibt ihnen neue Energie. Sie ist besonders für schüchterne oder introvertierte Kinder geeignet.

Vorwärtsbeuge

DAS BRINGT'S

Bei dieser Übung dehnen die Kinder ihren Rücken. Die Übung erfrischt außerdem ihren Kopf und Geist und wirkt gleichzeitig beruhigend.

SO GEHT'S

1. Schiebe deinen Stuhl etwas nach hinten.

2. Setze dich aufrecht hin. Die Füße sind fest auf dem Boden.

3. Beuge dich ganz nach vorn, bis deine Hände am Boden oder entlang deiner Beine hängen. Dein Kopf hängt auch nach unten.

4. Dein Po bleibt fest auf dem Stuhl.

5. Atme tief und ruhig weiter.

6. Richte dich langsam wieder auf und komme zurück in die Ausgangsposition.

ACHTSAMKEIT

Gehe mit deiner Aufmerksamkeit zu deinen Gedanken, bevor du diese Übung machst. Wirbeln viele Gedanken durcheinander?
Wie ist es nach dieser Übung?

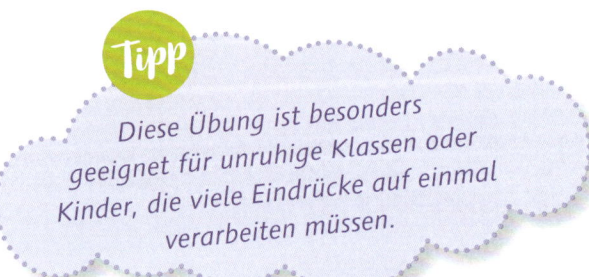

Tipp

Diese Übung ist besonders geeignet für unruhige Klassen oder Kinder, die viele Eindrücke auf einmal verarbeiten müssen.

Seitwärts dehnen

DAS BRINGT'S

Bei dieser Übung dehnen die Kinder ihren Rücken und ihre Lungen.

SO GEHT'S

1. Setze dich aufrecht hin. Die Füße sind fest auf dem Boden.

2. Strecke deine Arme neben dem Kopf parallel nach oben.

3. Beuge dich langsam zu einer Seite, dann zurück zur Mitte und zur anderen Seite. Du siehst dabei ein wenig so aus wie ein Baum, der sich sanft im Wind hin- und herbewegt. **Achtung:** Nur dein Oberkörper bewegt sich. Deine Arme bewegen sich nur mit und winken nicht hin und her. Dein Po bleibt die ganze Zeit fest auf dem Stuhl.

4. Die Bewegung geht vom unteren Rückenbereich aus. Fühle, wie deine Seite sich dehnt.

ACHTSAMKEIT

Wo spürst du deinen Atem, wenn du dich so dehnst?

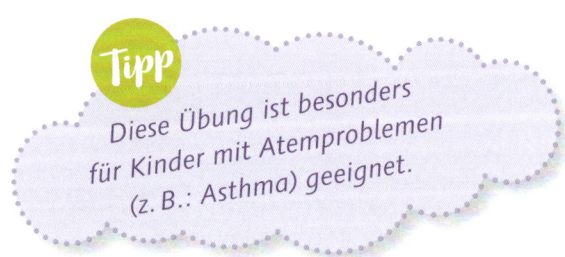

Tipp

Diese Übung ist besonders für Kinder mit Atemproblemen (z. B.: Asthma) geeignet.

Drehung

DAS BRINGT'S

Diese Übung fördert die Gesundheit und Beweglichkeit der gesamten Wirbelsäule. Sie wirkt Stress entgegen und beugt Erschöpfungszuständen der Nebenniere vor.

SO GEHT'S

1. Schiebe deinen Stuhl etwas nach hinten.

2. Setze dich aufrecht hin, etwas mehr auf die Vorderkante deines Stuhls. Dein Rücken berührt die Stuhllehne nicht.

3. Stelle die Füße nebeneinander auf den Boden.

4. Drehe dich langsam mit deinem Oberkörper zur Seite und lege die Hände auf die Stuhllehne. Dein Kopf dreht sich mit. **Achtung:** Dein Unterkörper bleibt unbeweglich und dreht sich nicht mit.

5. Gehe zurück in die Ausgangsposition und wiederhole die Übung auf der anderen Seite.

6. Führe diese Übung mehrere Male durch.

ACHTSAMKEIT

Wie fühlt sich dein Körper in der Drehung an? Leicht oder schwer? Weich oder steif? Oder ganz anders?

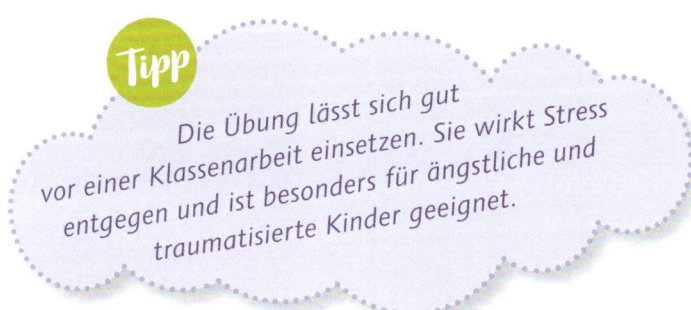

Tipp

Die Übung lässt sich gut vor einer Klassenarbeit einsetzen. Sie wirkt Stress entgegen und ist besonders für ängstliche und traumatisierte Kinder geeignet.

Vogel Strauß

DAS BRINGT'S

Diese Übung fördert die Konzentration, den Gleichgewichtssinn und das Körperbewusstsein. Sie weitet und dehnt den Brustkorb und fördert so eine gute Atmung. Auch die Schultern werden bei dieser Übung gedehnt.

SO GEHT'S

1. Stelle dich neben deinen Stuhl und fühle den Boden unter deinen Füßen.

2. Stelle dich auf die Zehenspitzen. Halte deine Beine gerade und in einer leichten Grundspannung. Beuge dich etwas nach vorn.

3. Strecke deine Arme wie Flügel nach hinten aus. Das ist die Haltung des Vogels Strauß. Er ist das schnellste Landtier auf zwei Beinen.

ACHTSAMKEIT

Wo spürst du den Atem in deinem Körper, wenn du diese Übung machst? Geht dein Atem ruhig oder schnell?

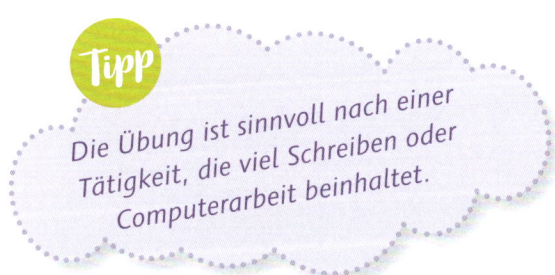

Tipp

Die Übung ist sinnvoll nach einer Tätigkeit, die viel Schreiben oder Computerarbeit beinhaltet.

Bogenschütze

DAS BRINGT'S

Diese Übung fördert Konzentration, Entschlossenheit, Durchsetzungsvermögen und Selbstvertrauen. Außerdem sorgt sie für eine Dehnung der Schultern und eine tiefe Atmung.

SO GEHT'S

1. Setze dich aufrecht hin. Die Füße sind fest auf dem Boden.

2. Mache mit deinen Händen eine Faust und baue so eine Grundspannung auf.

3. Strecke einen Arm schräg nach vorn und den anderen Arm daneben.

4. Richte deinen Blick auf deine Fäuste.

5. Stelle dir vor, du würdest gleich einen Pfeil abschießen. Ziehe hierzu einen Arm ganz weit nach hinten und gehe mit dem Oberkörper ein wenig mit. **Achtung:** Der Ellbogen bleibt auf Schulterhöhe. Der Brustkorb öffnet sich zur Seite.

6. Ziele mit dem Pfeil und atme dabei mit geschlossenem Mund. Lasse den Pfeil dann mit einem lauten „Sssh!" los.

7. Wiederhole diese Übung drei Mal auf jeder Seite.

ACHTSAMKEIT

Was ist Konzentration? Kannst du deine Aufmerksamkeit auf eine Sache richten, ohne abgelenkt zu werden?

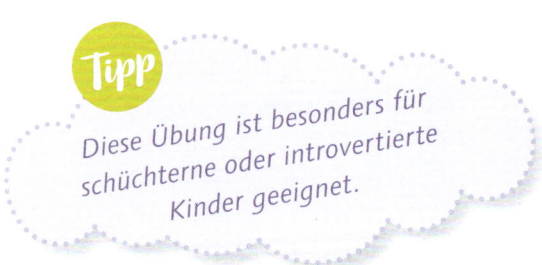

Tipp

Diese Übung ist besonders für schüchterne oder introvertierte Kinder geeignet.

Palme im Wind

DAS BRINGT'S

Bei dieser Übung dehnen die Kinder ihre Lungen und den seitlichen Rücken. Der Rücken wird dadurch schön geschmeidig. Die Kinder spüren den Kontakt zur Erde und erhalten ein besseres Körperbewusstsein.

SO GEHT'S

1. Stelle dich neben deinen Stuhl, die Füße ein klein wenig auseinander.

2. Spüre, wie du fest auf dem Boden stehst.

3. Stelle dir vor, dass deine Füße und Beine der Stamm einer schönen Palme sind.

4. Strecke deine Arme neben dem Kopf parallel nach oben.

5. Beuge deinen Oberkörper langsam zur einen Seite, dann zur anderen – wie eine Palme, die sich leicht in einer warmen Brise hin- und herwiegt. **Achtung:** Nur dein Oberkörper bewegt sich. Deine Arme bewegen sich nur mit und winken nicht hin und her.

6. Wiederhole diese Übung mehrere Male und atme dabei ruhig und gleichmäßig.

ACHTSAMKEIT

Spüre den Kontakt mit dem Boden, auf dem du stehst. Stelle dir vor, dass unter deinen Füßen Wurzeln in den Boden wachsen, durch die du ganz fest stehst. Die Erde trägt dich.

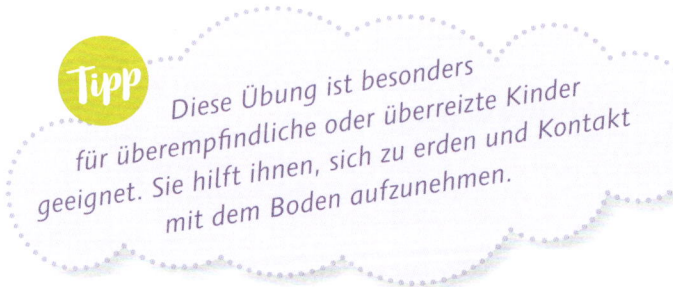

Tipp Diese Übung ist besonders für überempfindliche oder überreizte Kinder geeignet. Sie hilft ihnen, sich zu erden und Kontakt mit dem Boden aufzunehmen.

Halbmond

DAS BRINGT'S

Bei dieser Übung dehnen die Kinder ihren Rücken und ihre Lungen.

SO GEHT'S

1. Setze dich aufrecht hin. Die Füße sind fest auf dem Boden.

2. Stelle dir den Halbmond vor oder die Form des Halbmondes.

3. Strecke nun deine Arme über deinen Kopf und lege die Handinnenflächen gegeneinander.

4. Beuge dich nun langsam mit deinem Oberkörper zu einer Seite. **Achtung:** Dein Po bleibt die ganze Zeit fest auf dem Stuhl und deine Füße sind fest auf dem Boden, nur dein Oberkörper dehnt sich.

5. Gehe zurück in die Ausgangsposition und wiederhole die Übung auf der anderen Seite.

ACHTSAMKEIT

Mache die Übung zunächst mit geöffneten Augen, dann mit geschlossenen. Spürst du einen Unterschied?

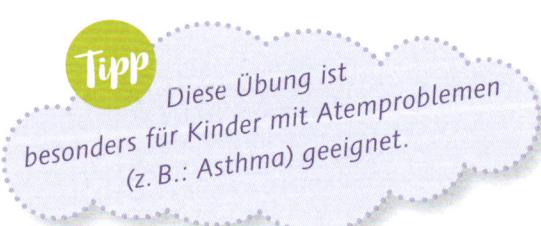

Tipp
Diese Übung ist besonders für Kinder mit Atemproblemen (z. B.: Asthma) geeignet.

Berge und Hügel

DAS BRINGT'S

Diese Übung stärkt die Beine und fördert den Gleichgewichtssinn.
Auch das Selbstvertrauen und Durchsetzungsvermögen der Kinder
werden hierdurch gestärkt.

SO GEHT'S

1. Stelle dich neben deinen Stuhl.

2. Strecke die Arme hoch über deinen Kopf und mache dich so groß wie
   möglich. Deine Füße stehen fest auf dem Boden. Diese Haltung heißt
   „Der Berg".

3. Der höchste Berg der Welt heißt Mount Everest und liegt an der Grenze
   zwischen Nepal und Tibet. Stelle dich auf deine Zehenspitzen, um der
   höchste Berg zu werden.

4. Gehe dann ganz langsam in die Hocke auf den Boden und werde
   zum kleinsten Hügel. Lege die Handinnenflächen vor deiner Brust
   gegeneinander. Du kannst versuchen, auf den Zehenspitzen zu
   bleiben, während du in die Hocke gehst.

5. Wiederhole diese Übung ein paar Mal und atme dabei tief und
   gleichmäßig weiter.

ACHTSAMKEIT

Wie fühlt es sich an, wenn du dich ganz groß machst?
Wie fühlt es sich an, wenn du dich ganz klein machst?

Tipp

Diese Übung ist besonders für schüchterne oder introvertierte Kinder geeignet.

Bodybuilder

DAS BRINGT'S

Diese Übung öffnet den Brustkorb und streckt die Schultern. Sie fördert eine gute Atmung, kräftigt die Arme und verstärkt positive Emotionen.

SO GEHT'S

1. Setze dich aufrecht hin. Die Füße sind fest auf dem Boden.

2. Halte deine Arme in die Höhe, als ob jemand zu dir sagen würde: „Hände hoch!" Deine Unterarme zeigen nun im rechten Winkel nach oben. Die Handinnenflächen zeigen nach vorn.

3. Mache mit deinen Händen eine Faust und baue so eine Grundspannung auf.

4. Öffne deine Fäuste und entspanne deine Muskeln.

5. Wiederhole diese Übung ein paar Mal.

ACHTSAMKEIT

Wo fühlst du deinen Atem, wenn du diese Übung machst?

Tipp

Die Übung macht müde Klassen wieder munter.

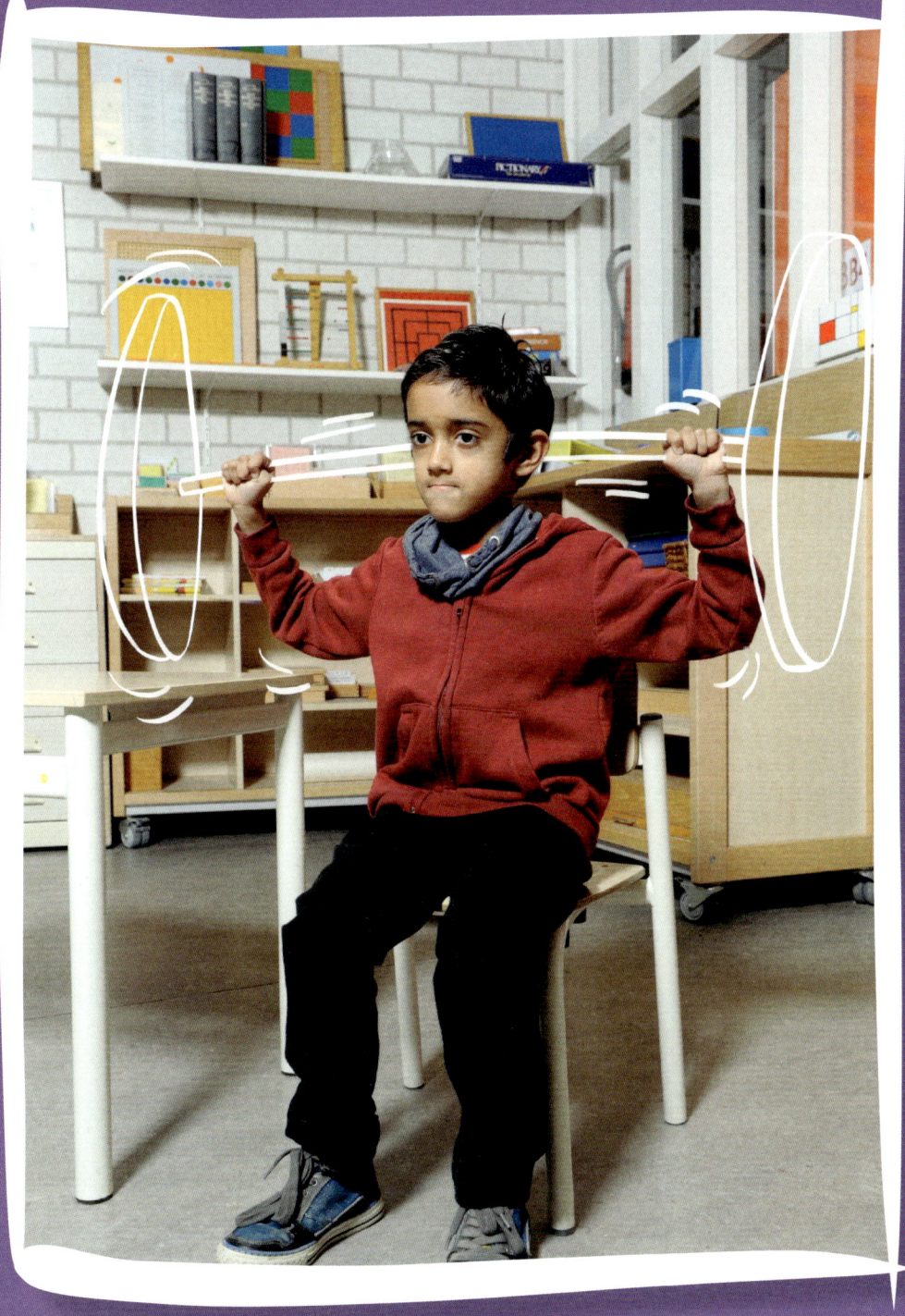

Kuhhörner

DAS BRINGT'S

Bei dieser Übung dehnen die Kinder ihre Arme und Schultern. Die Übung öffnet außerdem den Brustkorb und ist somit auch gut für die Atmung.

SO GEHT'S

1. Setze dich aufrecht hin. Die Füße sind fest auf dem Boden.

2. Strecke einen Arm hoch und lege deine Hand auf den Rücken zwischen deine Schulterblätter. Dein Ellbogen zeigt nach oben. Dein Kopf bleibt gerade.

3. Lege nun den anderen Arm von unten auf deinen Rücken.

4. Bewege deine Hände aufeinander zu und versuche, die Finger ineinander zu verschränken. Vielleicht gelingt es dir, vielleicht auch nicht. Versuche einfach, so weit wie möglich zu kommen.

5. Atme tief und ruhig weiter.

6. Gehe zurück in die Ausgangsposition und wiederhole die Übung auf der anderen Seite.

ACHTSAMKEIT

Diese Übung bringt dich mit deinem Herzen in Kontakt, mit dem, was dir wirklich wichtig ist. Wie fühlst du dich, wenn du diese Übung machst?

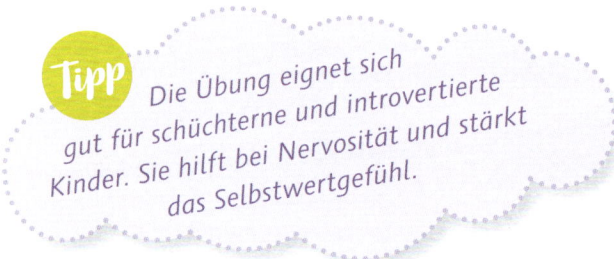

Tipp Die Übung eignet sich gut für schüchterne und introvertierte Kinder. Sie hilft bei Nervosität und stärkt das Selbstwertgefühl.

Finger strecken und entspannen

DAS BRINGT'S

Diese Übung stärkt das Körperbewusstsein und entspannt die Finger.

SO GEHT'S

1. Setze dich aufrecht hin. Die Füße sind fest auf dem Boden.

2. Strecke die Arme auf Schulterhöhe gerade nach vorn.

3. Strecke deine Finger weit aus, spreize sie so weit wie möglich und baue so eine Grundspannung auf. Atme tief und ruhig weiter.

4. Entspanne deine Hände und wiederhole diese Übung fünf Mal.

ACHTSAMKEIT

Vor der Übung: Gehe mit deiner Aufmerksamkeit zu deinen Händen und deinen Fingern. Wie fühlen sie sich an? Sind sie warm oder kalt? Sind sie weich oder steif?
Nach der Übung: Spürst du einen Unterschied? Was hat sich verändert?

Tipp
Durch langes Schreiben und Computerarbeit entsteht viel Spannung in den Fingern und Händen. Diese Übung sorgt für Entspannung und hilft auch bei allgemeiner Anspannung.

Handgelenke und Finger strecken

DAS BRINGT'S

Diese Übung sorgt für starke und bewegliche Handgelenke.

SO GEHT'S

1. Setze dich aufrecht hin. Die Füße sind fest auf dem Boden.

2. Strecke deine Arme auf Schulterhöhe gerade nach vorn.

3. Halte sie in dieser Position ganz ruhig.

4. Beuge deine beiden Handgelenke, so dass die Finger nach oben und dann nach unten zeigen. **Achtung:** Halte deine Arme ruhig und bewege nur deine Handgelenke.

5. Mache diese Übung ganz langsam fünf Mal hintereinander.

ACHTSAMKEIT

Wie fühlen sich deine Gelenke vor und nach der Übung an?
Fühlst du die Verbindung mit deinen Armen und deinen Händen?

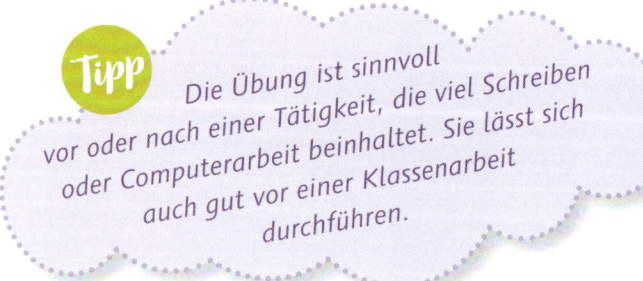

Tipp

Die Übung ist sinnvoll vor oder nach einer Tätigkeit, die viel Schreiben oder Computerarbeit beinhaltet. Sie lässt sich auch gut vor einer Klassenarbeit durchführen.

Handgelenke drehen

DAS BRINGT'S

Diese Übung sorgt für bewegliche Handgelenke. Sie fördert die Konzentration und das Körperbewusstsein der Kinder.

SO GEHT'S

1. Setze dich aufrecht hin. Die Füße sind fest auf dem Boden.

2. Strecke deine Arme auf Schulterhöhe nach vorn. Mache mit deinen Händen eine Faust. Die Daumen sind in der Handinnenfläche.

3. Drehe deine Fäuste langsam nach rechts und links, immer in die gleiche Richtung. **Achtung:** Halte deine Arme so ruhig wie möglich und bewege nur deine Handgelenke.

4. Wiederhole die Übung fünf Mal.

ACHTSAMKEIT

Mache die Übung erst mit der rechten Faust, dann mit der linken. Spürst du einen Unterschied? Und nun beide Fäuste zusammen – wie fühlt sich das an?

Tipp

Die Übung ist sinnvoll vor oder nach einer Tätigkeit, die viel Schreiben beinhaltet. Sie lässt sich auch gut vor einer Klassenarbeit durchführen, da sie die linke und rechte Gehirnhälfte ins Gleichgewicht bringt.

Augenübungen

DAS BRINGT'S

Diese Übung stärkt die Augenmuskeln und stimuliert das Gedächtnis.

SO GEHT'S

1. Setze dich aufrecht hin. Die Füße sind fest auf dem Boden.

2. Halte deinen Kopf ganz still und bewege nur die Augen.

3. Schaue langsam zur einen Seite, dann nach oben, dann zur anderen Seite und nach unten, als ob du das Ziffernblatt einer Uhr entlanggehst.

4. Blicke nun wieder geradeaus und wiederhole die Übung dann zur anderen Seite.

5. Wenn du wieder in der Mitte angekommen bist, schließe für einen Moment die Augen.

6. Wiederhole die Übung noch einmal.

7. Schließe die Übung mit dem Bedecken deiner Augen ab (s. S. 72).

ACHTSAMKEIT

Wie fühlt es sich an, die Augen so zu bewegen? Angenehm? Unangenehm? Anstrengend? Einfach? Wie fühlen sich deine Augen nach dieser Übung an?

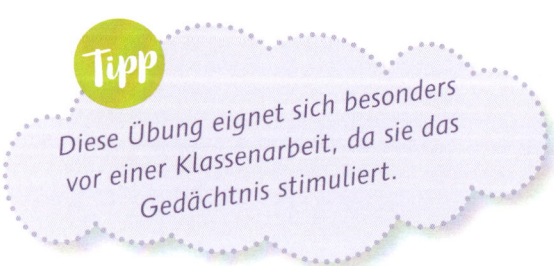

Tipp

Diese Übung eignet sich besonders vor einer Klassenarbeit, da sie das Gedächtnis stimuliert.

Handinnenflächen

(Augen bedecken)

DAS BRINGT'S

Diese Übung schenkt müden Augen etwas Ruhe.

SO GEHT'S

1. Wenn du eine Brille trägst, nimm sie ab und lege sie auf den Tisch.

2. Setze dich aufrecht hin. Die Füße sind fest auf dem Boden.

3. Reibe deine Hände fest gegeneinander, sodass sie schön warm werden.

4. Lege deine warmen Handinnenflächen nun leicht über deine Augen und lasse etwas Raum dazwischen – wie eine Schale, die du über deine Augen legst.

5. Bleibe gerade sitzen und atme tief und ruhig weiter.

6. Schaue in das warme Dunkel hinein.

7. Nimm die Hände von deinen Augen, sodass du langsam immer mehr Licht siehst.

8. Wenn du möchtest, wiederhole diese Übung.

ACHTSAMKEIT

Wenn du in das warme Dunkel schaust, siehst du manchmal eine Farbe oder ein Bild? Oder nur die Dunkelheit?
Was siehst du?

Tipp

Diese Übung ist sinnvoll nach viel Schreib- und Computerarbeit und nach langem Lesen. Sie kann auch zwischendurch als kurze Erholungspause für die Augen eingesetzt werden. Am Ende eines Tages ist sie gut geeignet, um den Augen etwas Ruhe zu gönnen.

Erden

DAS BRINGT'S

Bei dieser Übung spüren die Kinder bewusst den Kontakt mit dem Boden.

SO GEHT'S

1. Stelle dich neben deinen Stuhl.

2. Gehe langsam in die Knie, nicht zu weit, das Gewicht verlagert sich von selbst auf deine Füße. Dadurch nimmst du Kontakt mit dem Boden und der Erde auf.

3. Drücke dich dann aus dieser Haltung wieder langsam hoch. Du fühlst dich kräftig und stark.

4. Wiederhole diese Übung noch einmal.

ACHTSAMKEIT

Dies ist eine Übung, um sich zu erden. Fühle den Kontakt mit dem Boden. Spüre deine Füße. Stelle dich mit geschlossenen Augen still hin. Fühlst du die Erde unter dir?

Tipp Die Übung eignet sich gut vor einem Referat oder einer Präsentation, wenn die Kinder aufgeregt sind. Sie wirkt Versagensängsten entgegen und ist auch für hochsensible und kopflastige Schüler zu empfehlen.

Schulterklopfen

DAS BRINGT'S

Diese Übung dehnt die Arme. Sie sorgt für starke Schultern und mehr Selbstbewusstsein.

SO GEHT'S

1. Setze dich aufrecht hin. Die Füße sind fest auf dem Boden.

2. Strecke deine Arme auf Schulterhöhe nach vorn. Die Handinnenflächen zeigen nach oben.

3. Überlege dir, was du schon alles gut gemacht hast, und klopfe dir dafür selbst auf die Schultern. Beuge hierzu die Arme, sodass du dir selbst auf die Schultern klopfen kannst.

4. Strecke die Arme dann wieder nach vorn und wiederhole die Übung ein paar Mal.

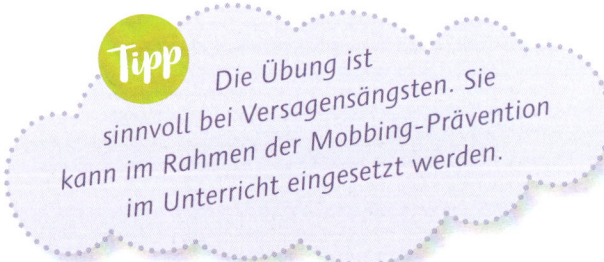

Tipp Die Übung ist sinnvoll bei Versagensängsten. Sie kann im Rahmen der Mobbing-Prävention im Unterricht eingesetzt werden.

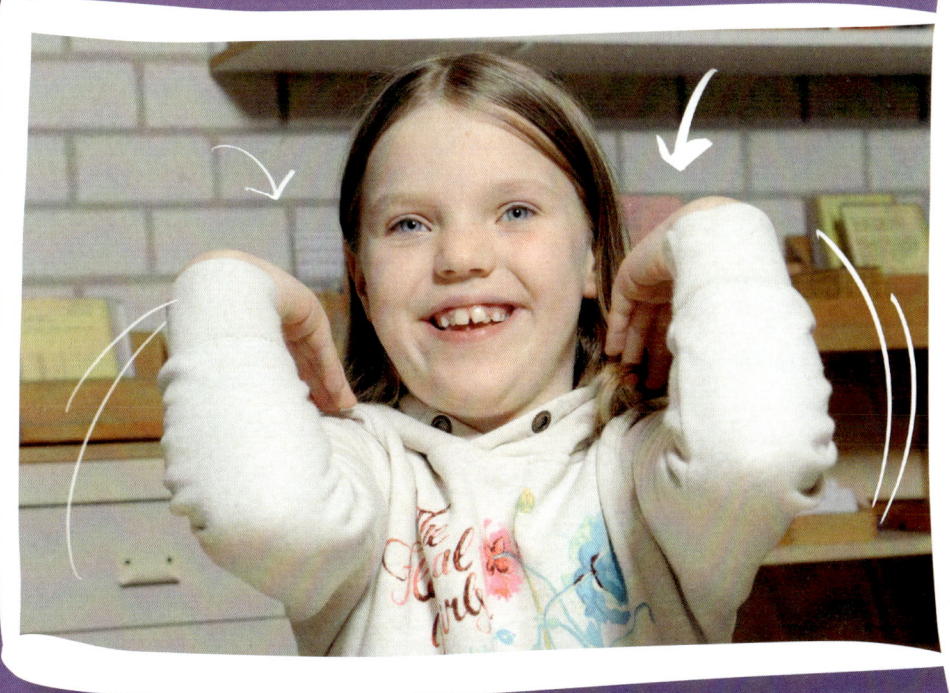

Auf und zu

DAS BRINGT'S

Diese Übung mobilisiert die Schultern und den Oberkörper. Sie öffnet außerdem den Brustkorb und ist somit auch gut für die Atmung.

SO GEHT'S

1. Setze dich aufrecht hin. Die Füße sind fest auf dem Boden.

2. Lege deine Fingerspitzen auf deine Schultern.

3. Hebe deine Ellbogen an. Sie zeigen rechts und links nach außen und sind in einer geraden Linie mit deinen Schultern.

4. Führe jetzt deine Ellbogen vor deinem Körper so zusammen, als ob du eine Tür schließt und wieder öffnest.
   Achtung: Deine Ellbogen bleiben auf gleicher Höhe.

5. Wiederhole diese Übung mehrmals in Ruhe.

ACHTSAMKEIT

Spüre deine Ellbogen ganz bewusst. Was können deine Ellbogen alles machen? Wie fühlt es sich an, wenn du sie dehnst? Wie fühlt es sich an, wenn du sie beugst?

Tipp
Diese Übung ist sinnvoll nach viel Schreib- und Computerarbeit. Sie kann auch zwischendurch als kurze Erholungspause eingesetzt werden.

Anspannen – entspannen

DAS BRINGT'S

Diese Übung fördert das Körperbewusstsein und sorgt für mehr Entspannung.

SO GEHT'S

1. Setze dich aufrecht hin. Die Füße sind fest auf dem Boden.

2. Spanne alle Muskeln in deinem Körper an: deine Füße, deine Beine, deinen Po, deinen Bauch, deinen Rücken, deinen Brustkorb, deine Arme, deine Hände.

3. Verziehe dein Gesicht oder mache eine Grimasse.

4. Verbleibe kurz in dieser maximalen Anspannung.

5. Entspanne dann deinen gesamten Körper mit einem tiefen Seufzer, lasse alles los und lasse die Luft mit einem intensiven „Aaah" aus deinen Lungen. Dein Körper ist nun ganz entspannt und weich wie Watte.

6. Wiederhole diese Übung noch einmal.

ACHTSAMKEIT

Spürst du den Unterschied zwischen Spannung und Entspannung? Wo spürst du in deinem Körper die größte Spannung? Und wo die größte Entspannung? Stelle dir vor, dass du aufgeregt bist. Überlege dir etwas, das dich nervös macht. An welcher Stelle in deinem Körper spürst du es?

Stelle dir vor, dass du fröhlich bist. Überlege dir etwas, das dich fröhlich macht. An welcher Stelle in deinem Körper spürst du es?

Tipp

Die Übung wirkt Anspannung und Versagensängsten entgegen. Daher ist sie besonders vor oder nach einer Klassenarbeit oder einem Referat geeignet.

Schultern drehen

DAS BRINGT'S

Diese Übung entspannt die Schultern. Sie sorgt für eine tiefe Atmung und ein besseres Körperbewusstsein.

SO GEHT'S

1. Setze dich aufrecht hin. Die Füße sind fest auf dem Boden.

2. Lege deine Fingerspitzen auf deine Schultern.

3. Mache langsame Kreise mit deinen Armen: Die Ellbogen gehen nach vorn, dann hoch, dicht an deinen Ohren entlang, dann nach hinten und unten.

4. Führe diese Bewegung fünf Mal nach vorn, danach fünf Mal nach hinten aus.

ACHTSAMKEIT

Wie geht es deinen Schultern? Wenn wir angespannt sind, spüren wir das oft in unseren Schultern. Wie beweglich sind deine Schultern? Was spürst du, wenn du deine Arme nach hinten drehst? Wo spürst du dann deinen Atem?

Tipp

Kinder, die nervös sind und wenig Selbstvertrauen haben, ziehen oft die Schultern hoch. Diese einfache Übung hilft ihnen, Spannungen loszulassen und eine gute Haltung einzunehmen. Sie ist auch sinnvoll nach viel Schreib- und Computerarbeit oder als kurze Erholungspause für zwischendurch. Die Übung lässt sich gut mit der Halsübung auf Seite 84 verbinden.

Hals drehen

DAS BRINGT'S

Diese Übung entspannt den Nacken und beruhigt dadurch das gesamte Nervensystem. Sie sorgt auch für ein besseres Körperbewusstsein.

SO GEHT'S

1. Setze dich aufrecht hin. Die Füße sind fest auf dem Boden.

2. Drehe deinen Kopf langsam zur Seite, ohne dass dein Oberkörper sich mitbewegt, dann ruhig zurück zur Mitte.

3. Drehe deinen Kopf nun langsam zur anderen Seite und wieder zur Mitte zurück.

4. Lasse nun langsam deinen Kopf nach unten in Richtung Brustkorb hängen. Du dehnst damit deinen Nacken.

5. Hebe deinen Kopf langsam und vorsichtig, strecke das Kinn ein wenig nach oben. Du dehnst dadurch die Vorderseite des Halses und deine Kehle.

6. Führe deinen Kopf langsam wieder in die Mitte.

7. Wiederhole die Übung noch einmal ruhig und langsam. Atme tief und ruhig weiter.

ACHTSAMKEIT

Schließe deine Augen für einen Moment, bevor du mit dieser Übung beginnst. Berühre deinen Nacken und deine Kehle ganz vorsichtig mit deinen Fingerspitzen. Sei freundlich zu deinem Nacken und deiner Kehle. So wird die Übung gut vorbereitet – mit Zartheit und Milde.

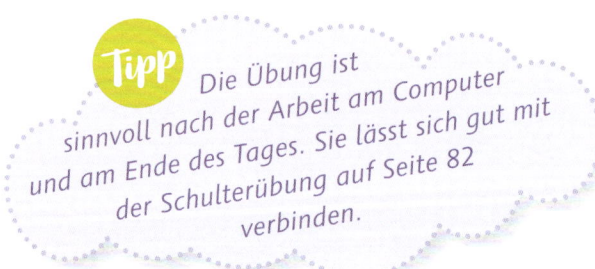

Tipp Die Übung ist sinnvoll nach der Arbeit am Computer und am Ende des Tages. Sie lässt sich gut mit der Schulterübung auf Seite 82 verbinden.

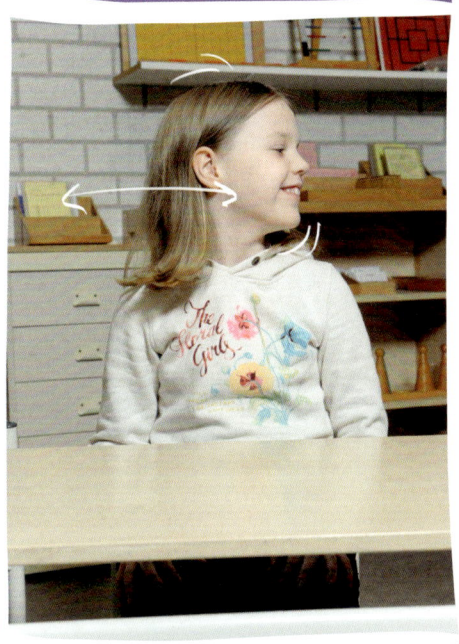

Schultern hochziehen

DAS BRINGT'S

Diese Übung hilft, Spannungen loszulassen, und sorgt für
ein besseres Körperbewusstsein.

SO GEHT'S

1. Setze dich aufrecht hin. Die Füße sind fest auf dem Boden.

2. Ziehe deine Schultern so hoch wie möglich und versuche,
   mit ihnen deine Ohren zu berühren.

3. Lasse deine Schultern mit einem tiefen Seufzer nach unten fallen.

4. Wiederhole diese Übung fünf Mal.

5. Stelle dir vor, dass alle deine Sorgen verschwinden,
   wenn du deine Schultern fallen lässt.

ACHTSAMKEIT

Kann dein Atem dir bei dieser Übung hilfreich sein?
Wie fühlen sich deine Schultern an, wenn du loslässt?

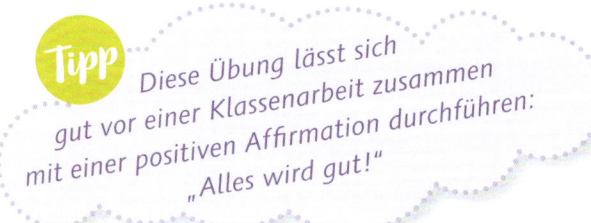

Tipp Diese Übung lässt sich
gut vor einer Klassenarbeit zusammen
mit einer positiven Affirmation durchführen:
„Alles wird gut!"

Stillstehen wie ein Berg

DAS BRINGT'S

Diese Übung hilft den Kindern, Spannungen loszulassen, und gibt ihnen mehr Selbstvertrauen. Sie sorgt für eine gute Körperhaltung und ein besseres Körperbewusstsein.

SO GEHT'S

1. Stelle dich neben deinen Stuhl und spüre den Boden unter deinen Füßen.

2. Schließe deine Augen oder schaue ein wenig nach unten, sodass du dich auf dich selbst konzentrieren kannst.

3. Nimm wahr, wie du jetzt dastehst: ruhig und aufrecht.

4. Atme tief und ruhig ein und aus.

5. Wenn du für einen Moment ruhig und still dastehst, fühlst du die Verbindung mit der Erde unter dir.

6. Stelle dir vor, dass die Erde dir Energie gibt, wenn du einatmest: Die Energie steigt durch die Füße hinauf, durch deine Beine, deinen Rücken, deinen Bauch, durch deine Arme, deine Schultern, deinen Nacken und deine Kehle. Alles bekommt neue Energie.

7. Wenn du ausatmest, kannst du alles, was du nicht gut findest – unangenehme Gedanken, Sorgen oder was auch immer – im Boden verschwinden lassen.

8. Du atmest es durch deine Füße aus und es verschwindet.

9. Noch einmal: Neue Energie steigt durch deine Füße langsam auf. Spüre, wie dein Körper frisch und lebendig wird.

10. Und wenn du jetzt wieder ausatmest, fühlst du dich stark und fest wie ein Berg, ruhig und still.

11. Setze dich dann in Ruhe wieder hin.

Tipp Die Übung ist besonders gut für reizempfindliche Kinder geeignet. Sie hilft ihnen dabei, ihren Platz im Raum einzunehmen und bei sich selbst zu bleiben.

ACHTSAMKEIT

Nimm wahr, wie du dastehst. Wie fühlt es sich an, still zu stehen? Fühlst du eine innere Bewegung in dir? Spürst du deinen eigenen Körper in seiner aufrechten Haltung? Und von da aus den Kontakt mit deiner Umgebung, dem Klassenzimmer, den anderen Kindern?

Bodybuilder (Serie)

DAS BRINGT'S

Diese Übung fördert die gesunde Atmung. Sie stärkt die Arme und entspannt den ganzen Oberkörper.

SO GEHT'S

1. Setze oder stelle dich aufrecht hin. Strecke deine Arme nach unten. Sie berühren deinen Körper nicht. Spreize und strecke deine Finger. Die Handinnenflächen zeigen nach vorn.

2. Mache mit deinen Händen eine starke Faust und fühle, wie deine Arme dadurch auch stark werden. Halte die Spannung. **Achtung:** Atme ruhig und gleichmäßig weiter.

3. Beuge die Arme, sodass deine Fäuste die Schultern berühren.

4. Drehe die Ellbogen zur Seite, als ob du Flügel hättest.

5. Strecke deine Unterarme im rechten Winkel nach oben. Die Innenseite deiner Faust zeigt auf deine Ohren.

6. Öffne deine Fäuste und strecke deine Finger nach oben.

7. Drehe deine Handinnenflächen nach vorn. Atme tief ein und aus. Bewege dich dann langsam zurück in die Ausgangsposition.

ACHTSAMKEIT

Beobachte während der Übung deinen Atem.
Der Atem bringt dich ins „Jetzt".

Ägyptischer Sonnengruß (Serie)

DAS BRINGT'S

Diese Übung stimuliert den ganzen Rücken. Die Kinder atmen besser, ihre Organe haben mehr Platz und sie bekommen mehr Energie.

SO GEHT'S

1. Schiebe deinen Stuhl etwas nach hinten. Setze dich aufrecht hin, etwas mehr auf die Vorderkante deines Stuhls. Dein Rücken berührt die Stuhllehne nicht. Die Füße sind fest auf dem Boden. Führe deine Hände vor deinem Brustkorb zusammen. Die Fingerspitzen zeigen nach oben. Konzentriere dich auf dich selbst.

2. Strecke die Arme hoch und halte sie dicht am Kopf. Hebe deinen Brustkorb, das Herz in Richtung Sonne. Dein Kopf geht mit der Bewegung mit, dein Rücken beugt sich nach hinten. Öffne dein Herz für die Sonne: „Hallo, Sonne"!

3. Beuge dich ganz nach vorn, bis deine Hände den Boden berühren. Dein Kopf hängt nach unten. Die Erde ist unter dir: „Hallo, Erde!" Dein Po bleibt fest auf dem Stuhl.

4. Richte dich langsam wieder auf und setze dich aufrecht hin. Strecke deine Arme neben dem Kopf parallel nach oben. Beuge deinen Oberkörper langsam zur einen Seite, dann zur anderen – wie eine Palme, die sich leicht in einer warmen Brise hin- und herwiegt.
   Achtung: Nur dein Oberkörper bewegt sich. Deine Arme bewegen sich nur mit und winken nicht hin und her.

5. Drehe dich langsam mit deinem Oberkörper zur Seite und lege die Hände auf die Stuhllehne. Dein Kopf dreht sich mit.
   Achtung: Dein Unterkörper bleibt unbeweglich und dreht sich nicht mit. Stelle dir vor, dass du Samenkörner in der Hand hast, du drehst dich ruhig von der einen Seite zur anderen, während du sie streust.

6. Gehe zurück in die Ausgangsposition. Führe deine Hände wieder vor den Brustkorb und spüre nach, wie du dich jetzt fühlst.

ACHTSAMKEIT

Die Übung kann mit folgenden inneren Sätzen begleitet werden:

1. „Hier bin ich. Ich fühle die Erde unter mir."

2. „Ich bekomme neue Energie."

3. „Ich komme zur Ruhe."

4. „Ich fühle meinen Körper."

5. „Ich bin lebendig und frei."

6. „Ich bin ganz bei mir – wie fühle ich mich jetzt?"

Tipp Die Übung ist ideal, um den Tag zu beginnen. Sie lässt sich auch gut vor einer Klassenarbeit einsetzen. Bei müden Klassen dient sie als Muntermacher, bei unruhigen als Beruhigungsmittel.

ACHTSAMKEITS-ÜBUNGEN und YOGA-TECHNIKEN

Positive Gedanken für den Tag oder die Woche

DAS BRINGT'S

Bei dieser Übung erfahren die Kinder die Bedeutung von positiven Gedanken. Die Übung hilft ihnen außerdem, sich zu konzentrieren und zu fokussieren.

SO GEHT'S

1. Mache diese Übung am Anfang des Tages. Setze dich aufrecht hin und lasse genug Platz um dich herum, damit du deine Arme ausbreiten kannst. Die Füße sind fest auf dem Boden.

2. Lege deine Hände auf deinem Brustkorb aufeinander. Dies ist der Raum deines Herzens, in dem du fühlen kannst, was wichtig für dich ist. Schließe kurz deine Augen.

3. Spüre, was an diesem Tag oder in dieser Woche wichtig ist. Gibt es ein Gefühl, das du gern größer oder stärker machen möchtest?

4. Wenn du oft nervös bist, kann das z. B. Tapferkeit sein. Wenn du dir oft Sorgen machst, kann es Sorglosigkeit sein. Spüre in dich selbst hinein, welches Gefühl für dich heute gut wäre.

5. Öffne deine Arme und empfange dieses Gefühl. Du kannst auch innerlich zu dir selbst sagen: „Ich empfange Tapferkeit" oder „Ich bin tapfer" – was immer zu dir passt.

6. Die gleiche Übung kann mit Geben gemacht werden. Was möchtest du in dieser Woche anderen geben? Freundschaft? Glück? Dann öffne deine Arme und sage innerlich: „Ich gebe Freundschaft" oder „Ich gebe Glück".

Summende Biene

DAS BRINGT'S

Diese Übung sorgt für Ruhe und Entspannung. Sie fördert außerdem die Konzentration der Kinder.

SO GEHT'S

1. Setze dich aufrecht hin. Die Füße sind fest auf dem Boden.

2. Atme gleichmäßig mit geschlossenem Mund ein und aus, ganz in deinem eigenen Tempo.

3. Mache beim Ausatmen das Geräusch einer summenden Biene: „Mmmmh". **Achtung:** Atme nicht extra lange. Der „Mmmmh"-Ton ist nicht laut und bleibt die ganze Zeit gleich.

4. Wiederhole diese Übung fünf Mal in deinem eigenen Tempo.

Ballon-Atmung

DAS BRINGT'S

Diese Übung sorgt für ein besseres Körper- und Atembewusstsein und hilft den Kindern, Spannungen loszulassen.

SO GEHT'S

1. Schiebe deinen Stuhl etwas nach hinten.

2. Setze dich aufrecht hin. Die Füße sind fest auf dem Boden. Deine Arme hängen neben deinem Körper.

3. Stelle dir vor, du wärst ein Ballon, der aufgeblasen wird. Atme die Luft tief durch deine Nase ein. Hebe dabei deine Arme langsam seitlich vom Körper an und bilde einen großen Kreis über deinem Kopf.

4. Atme vier Mal durch deine Nase tief ein und durch den Mund aus. Jedes Mal wird der Ballon über deinem Kopf etwas größer.

5. Schließlich ist der Ballon voll und du kannst die Luft in einem Zug entweichen lassen: „Pffffffffff". Deine Arme gehen gleichzeitig seitlich nach unten und du entspannst deinen Körper.

6. Wiederhole diese Übung drei Mal.

Lotusblume

DAS BRINGT'S

Diese Übung stärkt die Schultern und Arme. Sie fördert die Konzentration und hilft den Kindern, das Gute in sich selbst zu fühlen.

SO GEHT'S

1. Setze dich aufrecht hin und lege deine Handinnenflächen vor deinem Brustkorb zusammen.

2. Nimm die Hände nun langsam hoch und lege die Unterarme aneinander, als ob sie die Stängel einer Blume wären.

3. Öffne deine Hände und strecke deine Finger langsam wie eine prächtige Lotusblume. Die beiden Daumen und die beiden kleinen Finger bleiben aneinander.

4. Schließe die Blume nun wieder langsam und führe deine Hände zurück in die Ausgangsposition vor deinem Brustkorb.

5. Denke an das Gute in dir.

6. Wiederhole diese Übung noch einmal.

Herz-Mudra

DAS BRINGT'S

Diese Übung fördert Aufmerksamkeit und Konzentration sowie Mitgefühl und Intuition der Kinder. Sie spendet außerdem Trost und sorgt für ein besseres Körperbewusstsein.

SO GEHT'S

1. Eine Mudra ist eine Position aus dem Yoga, die dir helfen kann, die Aufmerksamkeit und die Energie zu einem bestimmten Teil deines Körpers zu lenken.

2. Setze dich aufrecht hin. Die Füße sind fest auf dem Boden. Deine Hände liegen auf dem Tisch oder auf deinen Oberschenkeln. Die Handinnenflächen zeigen nach oben.

3. Beuge deinen Zeigefinger zum Daumen.

4. Dein Mittelfinger und dein Ringfinger berühren den Daumen ein wenig. Der kleine Finger bleibt in seiner Position.

5. Sitze einen Moment so ruhig da. Denke an alles, was in deinem Herzen gut ist, und nimm wahr, was dein Herz dir sagen möchte.

6. Beende die Übung, indem du eine Hand auf dein Herz legst.

Herz-Atem

DAS BRINGT'S

Diese Übung dehnt die Schultern und die Arme. Sie beruhigt und vertieft die Atmung und sorgt für ein besseres Atembewusstsein.

SO GEHT'S

1. Setze dich aufrecht hin. Die Füße sind fest auf dem Boden.

2. Lege deine Handinnenflächen vor deinem Brustkorb aneinander. Deine Fingerspitzen zeigen nach oben.

3. Sitze still und ruhig da und beobachte deinen Atem.

4. Nimm deine Arme nun beim nächsten Atemzug hoch, bis sie ganz gerade über deinem Kopf sind.

5. Beim Ausatmen beschreiben deine Arme einen großen Kreis, während sie wieder nach unten gehen und in die Ausgangsposition zurückkommen.

6. Mache diese Übung ein paar Mal. Beschreibe immer beim Ein- und Ausatmen einen großen Kreis.

Achtung: Es ist nicht die Absicht dieser Übung, dass du deinen Atemrhythmus veränderst. Du spürst deinen Atem und darauf folgt die Bewegung eines großen Kreises als Begleitung. Der Atem geht die ganze Zeit ruhig weiter.

Bauch-Atmung

DAS BRINGT'S

Diese Übung sorgt für innere Ruhe. Sie hilft den Kindern, ihre Emotionen wahrzunehmen und zu regulieren.

SO GEHT'S

1. Setze dich aufrecht hin. Die Füße sind fest auf dem Boden.

2. Lege deine Hände vorsichtig auf deinen Bauch, ungefähr dort, wo der Bauchnabel ist.

3. Nimm deinen Bauch wahr, spüre, was passiert.

4. Wenn wir ruhig dasitzen, spüren wir unseren Atem. Fühlst du ihn auch?

5. Du brauchst nichts Besonderes zu machen, nur spüren. Bewegt sich dein Bauch langsam auf und ab? **Achtung:** Beobachte nur und bewege deinen Bauch nicht aktiv.

6. Atme ruhig weiter.

7. Diese Übung kann hilfreich sein, wenn du nervös bist, wenn du Bauchweh hast oder einfach zur Ruhe kommen möchtest.

Feder pusten

DAS BRINGT'S

Diese Übung sorgt für Konzentration, innere Ruhe und ein besseres Atembewusstsein.

Material: Federn

SO GEHT'S

1. Setze dich aufrecht hin. Die Füße sind fest auf dem Boden.

2. Lege eine Feder auf die Innenseite deiner Hand.

3. Atme ein und schließe dabei deinen Mund. Beim Ausatmen pustest du auf die Feder. **Achtung:** Puste so vorsichtig auf die Feder, dass sie sich ein wenig bewegt, aber nicht hinunterfällt.

4. Wiederhole diese Übung ein paar Mal.

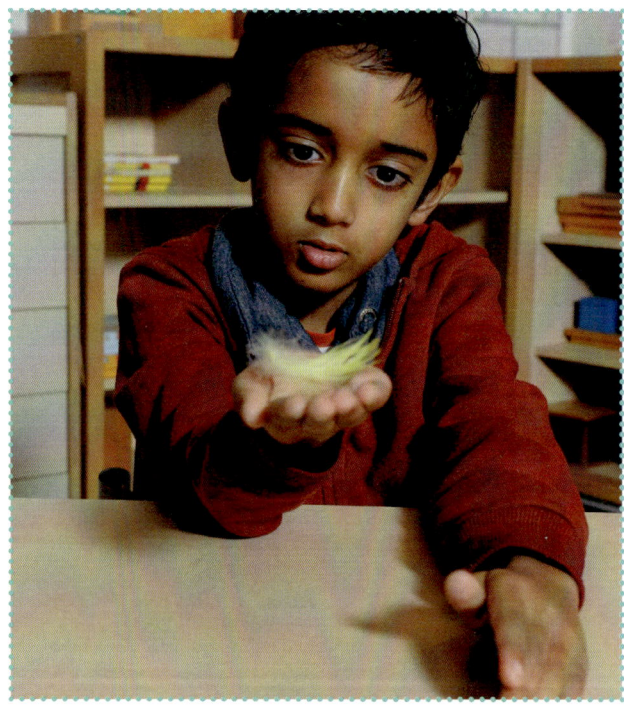

Feder spüren

DAS BRINGT'S

Diese Übung fördert die Sinne, das Körperbewusstsein und die Konzentration. Die Kinder führen die Übung mit einem Partner durch und üben sich dabei in gegenseitigem Respekt.

Material: Federn

SO GEHT'S

1. Diese Übung machst du mit einem Partner-Kind.

2. Dein Partner-Kind sitzt mit geschlossenen Augen da.

3. Berühre dein Partner-Kind mit einer Feder. Das kann direkt auf der Haut sein oder auf der Kleidung. Wenn dein Partner-Kind die Berührung spürt, geht es mit der Hand an diese Stelle.

4. Wenn keine Reaktion auf die Berührung folgt, berühre dein Partner-Kind an einer anderen Stelle mit der Feder.

5. Tauscht die Plätze und wiederholt die Übung.

Schultafel beschreiben

DAS BRINGT'S

Diese Übung fördert die Sinne, das Körperbewusstsein und die Konzentration. Die Kinder führen die Übung mit einem Partner durch und üben sich dabei in gegenseitigem Respekt.

Material: Papier und Stift für das vorderste Kind

SO GEHT'S

1. Setze dich mit mindestens einem weiteren Kind hintereinander. (Mehr Spaß macht es mit mehreren Kindern.) Verhaltet euch mucksmäuschenstill.

2. Das hinterste Kind beginnt. Reibe kräftig über den Rücken deines Vordermannes, als ob du eine Tafel saubermachst.

3. Schreibe ein Wort oder male ein Bild, z. B. einen Baum oder eine Blume, auf den Rücken des Kindes. Wenn du damit fertig bist, gib dem Kind einen kleinen Klaps auf die Schulter, damit es weiß, dass du fertig bist.

4. Das Kind schreibt nun das Wort oder malt das Bild, das es gespürt hat, auf den Rücken des nächsten Kindes usw., bis das Wort oder das Bild beim vordersten Kind angekommen ist. Dieses schreibt das Wort oder malt das Bild auf ein Blatt Papier. Nun können alle Kinder vergleichen, was sie selbst gespürt haben.

Tipp

Auf dem Rücken des Vordermanns können auch einzelne Buchstaben oder Rechenaufgaben geübt werden. Ältere Kinder können ganze Wörter oder englische Begriffe schreiben. Um die Atmosphäre in der Klasse zu verbessern, können auch persönliche Wünsche auf den Rücken geschrieben werden.

Fokus/Konzentration

DAS BRINGT'S

Die Übung fördert die Konzentration und die Aufmerksamkeit der Kinder. Sie sorgt für innere Ruhe und stärkt den Selbstrespekt der Schüler. Die Übung stimuliert außerdem die Thymusdrüse, die ein wichtiger Schutz gegen Krankheiten ist und das Immunsystem stärkt.

SO GEHT'S

1. Setze dich aufrecht hin. Die Füße sind fest auf dem Boden.

2. Lege deine Handinnenflächen vor dem Brustkorb aneinander.

3. Atme tief und ruhig weiter.

4. Wenn du möchtest, schließe deine Augen.

5. Diese Haltung bewirkt den Kontakt mit dir selbst, mit dem, was für dich gut und wichtig ist.

6. Du kannst dir nun etwas für dich selbst wünschen, etwas, das du brauchst: Mut, Freundschaft, Energie, Fröhlichkeit oder etwas Anderes.

7. Sage in Gedanken zu dir, sodass niemand es hören kann: „Ich wünsche mir …"

8. Atme ruhig weiter und bleibe noch einen Moment still sitzen.

Im Hier und Jetzt sein

DAS BRINGT'S

Diese Übung hilft den Kindern, mit ihren Gefühlen in Kontakt zu kommen. Die Kinder erfahren, dass alles so sein darf, wie es ist, und lernen, zu fühlen, ohne zu beurteilen.

SO GEHT'S

1. Setze dich gerade und ganz ruhig hin. Schließe die Augen.

2. Spüre, wie deine Füße fest auf dem Boden stehen. Unter deinen Füßen befindet sich die Erde. Fühlst du sie?

3. Spüre die Kleidung, die du trägst. Spüre auch, wo deine Haut nicht bedeckt ist – z. B. dein Gesicht. Spürst du die Luft auf deiner Haut?

4. Spürst du deinen Atem, der von selbst fließt? Wo spürst du ihn?

5. Nimm nun deine Gefühle wahr. Wie geht es dir? Fühlst du dich gut oder bist du traurig, müde oder voller Energie? Wie fühlst du dich? Lass es so, wie es ist. Es darf alles so sein, wie es ist. Drücke nichts weg und verändere es auch nicht. Spüre nur nach, wie es ist.

6. Lege nun deine Hand auf dein Herz und bleibe mit deiner Aufmerksamkeit bei dir, bei dieser schönen und besonderen Person, die du bist. Du bist einzigartig. Es gibt niemanden, der so ist wie du.

7. Nun schließt du die Übung in Ruhe ab. Halte deine Augen noch einen Moment geschlossen.

8. Spüre wieder den Boden unter deinen Füßen und sei dir bewusst, wo du dich befindest: in deinem Klassenzimmer. Du weißt, wer neben dir sitzt, ohne deine Augen zu öffnen.

9. Reibe nun deine Hände fest gegeneinander, bis sie warm sind, und lege sie dann über deine Augen. Schaue in das warme Dunkel hinein.

10. Nimm deine Hände weg. Öffne jetzt langsam deine Augen und räkle und dehne dich ausgiebig. Du darfst auch laut gähnen.

Nach Geräuschen lauschen

DAS BRINGT'S

Diese Übung fördert das Hörvermögen und die Konzentration.

SO GEHT'S

1. Setze dich aufrecht hin. Die Füße sind fest auf dem Boden.

2. Lege deine Hände auf die Oberschenkel und schließe die Augen.

3. Lausche den Geräuschen um dich herum. Kannst du verschiedene Geräusche hören? Höre so gut wie möglich hin und nimm möglichst viele Geräusche wahr.

4. Nimm das Geräusch wahr, das am weitesten von dir entfernt ist.

5. Lenke deine Aufmerksamkeit dann auf die Geräusche im Klassenzimmer.

6. Und nun konzentriere dich auf ein Geräusch, das nur du selbst hören kannst: deinen eigenen Atem. Höre auf deinen Atem und spüre, wie du dich fühlst. Wie geht es dir? Alles darf so sein, wie es ist. Höre in dich selbst hinein.

7. Lege deine Hand auf dein Herz und fühle. Höre auf dein Herz und darauf, was es dir erzählt.

8. Schließe die Übung in Ruhe ab. Lege deine Hände zurück auf die Oberschenkel.

9. Lausche wieder auf die Geräusche um dich herum, im Klassenzimmer und auf der Straße.

10. Nimm die unterschiedlichen Geräusche wahr. Spüre den Boden unter deinen Füßen.

11. Bewege dich langsam, stampfe mit deinen Füßen auf, reibe deine Hände und öffne die Augen.

Ich bin gut, so wie ich bin

DAS BRINGT'S

Bei dieser Übung lernen die Kinder, Gutes in sich selbst zu sehen und zu benennen.

Material: kleine Spiegel, Papier und Stifte

SO GEHT'S

1. Setze dich gerade und ruhig hin. Spüre deine Füße auf dem Boden. Der Spiegel liegt vor dir auf dem Tisch oder in deinem Schoß.

2. Schließe deine Augen und spüre, wie du ein- und ausatmest.

3. Dein Spiegel ist ein Zauberspiegel. Wenn du in ihn hineinschaust, siehst du nur gute und schöne Dinge und denkst nur Gutes. Nichts Böses oder Negatives kann dich erreichen.

4. Öffne deine Augen und betrachte dich im Spiegel. Was ist schön an dir? Was gefällt dir an dir selbst? Hast du schöne Augen, schöne Haare, schöne Haut, ein nettes Lächeln? Schreibe es auf.

5. Schaue wieder in den Spiegel hinein. Jetzt siehst du in dir selbst etwas Schönes, eine gute Eigenschaft: Bist du freundlich? Oder stark oder zufrieden? Was entdeckst du in deinem Inneren? Schreibe es auf.

6. Schaue noch einmal in den Spiegel hinein. Lächle dir selbst zu und sage im Stillen zu dir: „Ich liebe mich selbst".

7. Lege den Spiegel nun weg, schließe deine Augen und sitze still und ruhig da. Lächle dir selbst innerlich zu, der schönen Person, die du bist.

8. Öffne deine Augen langsam und recke und strecke dich ein wenig.

© polya_olya – Fotolia.com

Tipp

Wenn ein Kind nichts aufgeschrieben hat, kann es Komplimente von seinen Mitschülern bekommen. Es ist wichtig, dass die Kinder sich nicht vergleichen. Das Kompliment, das sie sich selbst gegeben haben, soll nicht durch die Meinung von anderen verändert werden. Darum ist es gut, vorher zu vereinbaren, dass jeder für sich behält, was er aufgeschrieben hat, und es nicht mit den anderen teilt.

Die Sinne entwickeln

Eine Erklärung vorab: Arbeiten mit den Sinnen bringt uns in den jetzigen Augenblick und trainiert die Wahrnehmung. In diesem Buch wurden bereits einige Übungen beschrieben, die das Gehör und den Tastsinn ansprechen. Anbei folgen noch einige Ideen zur Förderung der Sinneswerkzeuge. Es ist wichtig, dass die Kinder damit arbeiten, da sie die Welt ja noch nicht kennen. In der heutigen Gesellschaft sind wir sehr auf visuelle Eindrücke fixiert. Dadurch werden die anderen Sinne weniger entwickelt. Hören und Zuhören ist eine wichtige Fähigkeit. Aber auch der Tast-, Geruchs- und Geschmackssinn bieten den Einstieg in eine achtsame Präsenz und dadurch in das aktuelle Jetzt. Im Folgenden finden sich hierzu einige Ideen.

FÜHLEN (TASTSINN)

Nehmen Sie einige Gegenstände, die interessant zum Ertasten sind, z. B.: eine Mandarine, eine Muschel, einen Stein, ein Blatt, eine Kastanie, eine Blume, ein Samenkorn, etwas Gras, einen Ball.
Es ist schön, diese Dinge je nach Jahreszeit auszuwählen und mit Meditationen über die vier Jahreszeiten zu kombinieren. Im Herbst können Sie z. B. Eicheln, Kastanien, Herbstblätter, Esskastanien, Bucheckern und Tannenzapfen in den Unterricht mitnehmen. Lassen Sie die Kinder die Gegenstände mit verbundenen oder geschlossenen Augen ertasten und erraten.

BARFUSS-PFAD (TASTSINN)

Gestalten Sie einen Barfuß-Pfad, am besten auf dem Schulhof. Legen Sie einige Dinge hintereinander auf den Boden, z. B. frisch gemähtes Gras, Kieselsteine, Heu oder dünne Stöckchen. Die Kinder dürfen barfuß darüber laufen, ggf. mit geschlossenen Augen. Dabei werden sie von einem Partner-Kind geführt. Das stärkt auch die Zusammenarbeit. Die Kinder erfahren die unterschiedlichen Strukturen und spüren ihre Füße – das fördert die Erdung. Wichtig ist es, die Kinder am Ende nochmals in Ruhe nachspüren zu lassen, was sie gefühlt haben.

Im Klassenzimmer können Sie diese Übung mit einem glatten, dünnen Stock durchführen. Jedes Kind benötigt hierfür einen eigenen Stock. Die Kinder legen ihren Stock vor sich auf den Boden. Sie stellen sich barfuß ganz vorsichtig auf den Stock und bewegen sich langsam darüber. Erst mit der Ferse, dann der Rist, dann die gesamte Unterseite des Fußes, die Zehen und wieder zurück. Auch hier ist es wichtig, die Kinder am Ende der Übung nochmals gut nachspüren zu lassen, was sie gefühlt haben. Die Übung hilft den Kindern, sich zu erden und den Kopf wieder frei zu bekommen.

RIECHEN

Die oben beschriebene Übung zum Tastsinn kann auch für den Geruchssinn genutzt werden. Nehmen Sie einige Gegenstände, die einen interessanten Geruch haben, z. B.: Zimt, Gras, Zitrone, Lavendel, Baumrinde, Erde, Tee, Kaffee. Lassen Sie die Kinder die Gegenstände mit verbundenen oder geschlossenen Augen unter Einsatz ihres Geruchssinns erraten.

SCHMECKEN

Ein bekanntes Beispiel für eine Achtsamkeitsübung ist das Schmecken einer Rosine. Diese Übung können Sie auch leicht mit Ihrer Klasse machen: Zunächst betasten die Kinder die Rosine mit geschlossenen Augen in der Hand. Dann nehmen sie die Rosine in den Mund und erfahren so ihre Struktur und ihren Geschmack. Es ist wichtig, dass die Kinder bewusst schmecken, am besten mit geschlossenen Augen. Sie können anstelle der Rosine auch andere Früchte verwenden, um den Geschmack zu variieren.

SEHEN

Die Augen sind den ganzen Tag aktiv und es ist gut, wenn sie eine Weile ruhen dürfen. Doch wir können auch das Sehen auf eine bewusste und andächtige Art üben und damit unsere Wahrnehmung verfeinern. Fordern Sie die Kinder auf, sich einen Gegenstand mit verschiedenen Aspekten und

Details zu suchen, z. B. eine Pflanze mit Blüten. Die Kinder schauen bewusst auf diese Pflanze und notieren, was sie sehen, also wirklich wahrnehmen. Nicht: „Das ist eine schöne Pflanze", denn das ist eine Meinung, sondern: „Der Stängel ist grün", „Die Blätter sind spitz", „Sie hat sechs Blüten" etc. Danach können die Kinder vorlesen, was sie aufgeschrieben haben, und es kann der Unterschied zwischen Meinung und Wahrnehmung besprochen werden.

HÖREN

Zwei Vorleser

Die Kinder sitzen hintereinander in einer Reihe, entweder auf Stühlen oder auf dem Boden. Zwei Vorleser sitzen rechts und links von den Kindern. Die Kinder entscheiden sich, ob sie dem linken oder dem rechten Vorleser zuhören möchten. Wenn sie den rechten Vorleser wählen, massieren sie ihr rechtes Ohr, und wenn sie den linken wählen, ihr linkes Ohr.
Dann fangen die Vorleser gleichzeitig an, zwei verschiedene Texte vorzulesen. Dabei ist wichtig, dass sie in der gleichen Lautstärke sprechen. Fragen Sie die Kinder nach ein paar Minuten, ob sie dem Vorleser zuhören konnten, den sie gewählt hatten. Ist es ihnen gelungen? Wurden sie abgelenkt? Diese Übung ist gut für die Konzentration, aber auch für das Zuhören, die Wahrnehmung und das Selbstbewusstsein. Sie können mit den Kindern nun besprechen, wie es sich anfühlt, wenn man sich in einer Welt voller Ablenkungen und innerhalb einer Geräuschkulisse konzentrieren möchte. Ist es möglich, sich zu fokussieren, wenn man die Absicht dazu hat?

Musik

Machen Sie etwas Musik an. Die Kinder hören mit geschlossenen Augen zu. Stellen Sie die Musik dann immer leiser und fordern Sie die Kinder auf, die Hand zu heben, wenn sie nichts mehr hören können.

MEDITATION und ACHTSAMKEIT

Farben-Meditation

THEMEN: Schutz, bei sich selbst bleiben, Entspannung, Atembewusstsein

Setze dich aufrecht hin. Die Füße sind fest auf dem Boden. Schließe deine Augen. Atme ein und wieder tief und lange aus. Während du ausatmest, wirst du ganz weich. Was findest du schön weich? Vielleicht Daunenfedern oder Badeschaum? Überlege es dir selbst. So weich wie … Wunderbar entspannt. Spüre nun, wie du ruhig atmest, ganz von selbst. Lass es einfach geschehen.

Stelle dir vor, dass dein Atem eine Farbe hat, eine schöne Farbe. Welche Farbe findest du schön? Stelle dir nun vor, dass du diese Farbe einatmest und dass sie deinen Körper gesund macht und stärkt, eine wunderbare Farbe. Stelle dir auch eine Farbe vor, wenn du ausatmest, es kann die gleiche Farbe sein oder eine andere. Jedes Mal, wenn du ausatmest, wirst du weich und entspannt. Kannst du die Farbe sehen? Ein- und ausatmen … Neue Energie und ganz entspannt.

Nun kannst du dir vorstellen, dass die Farben sich vermischen und einen großen Kreis um deinen Körper herum bilden, einen beschützenden Kokon, wie der einer Raupe, bevor sie zum Schmetterling wird. Die Farben beschützen dich. Es können nur schöne und gute Dinge zu dir durchdringen. Bleibe noch einen Moment ruhig sitzen.

Jetzt spürst du wieder den Boden unter deinen Füßen. Die Farben dürfen um dich herum bleiben oder du lässt sie langsam verschwinden. Entscheide selbst, was sich für dich besser anfühlt. Wann immer du möchtest, kannst du diesen Kokon um dich selbst herum bilden. Du weißt nun, wie es geht. Bewege jetzt deine Hände und Füße und öffne deine Augen wieder.

Frühlings-Meditation

THEMEN: Jahreszeiten, Hoffnung, positive Gedanken

Setze dich aufrecht hin. Werde langsam ruhig und still. Spüre deine Füße auf dem Boden. Schließe deine Augen und stelle dir Folgendes vor:

Es ist der erste Frühlingstag. Du gehst nach draußen. Die Sonne ist aufgegangen. Die Luft ist frisch und klar. Es gibt schon einige Frühlingsblumen: lila Krokusse und gelbe Narzissen. Du spürst deine Füße auf der Erde. Der erste Frühlingstag ist ein neuer Anfang. Es ist der Moment im Jahreskreislauf, an dem du säen kannst: neue Samen in den Boden legen, sie pflegen, damit sie aufgehen, wachsen und gedeihen. Genauso ist es auch, wenn du dir etwas vornimmst, etwas, was du erreichen möchtest, einen Wunsch von dir. Es ist wie ein Samen, den du für dich in dir selbst säst.

Überlege dir nun, was du dir wünschen willst. Zum Beispiel Mut? Dann sagst du: „Ich bin mutig!" Möchtest du Liebe? Dann sagst du: „Ich empfange Liebe!" Ist es Zufriedenheit? Dann sagst du: „Ich bin zufrieden!" Denke dir selbst etwas aus und sprich es dann dreimal innerlich aus. Der Samen ist nun gesät. Versorge deinen Samen, indem du ihm regelmäßig Wasser gibst. Das bedeutet, dass du deinen Wunsch-Satz jeden Tag wiederholst, z.B. bevor du schlafen gehst. Dadurch wird dein Wunsch sicher Wirklichkeit werden. Aber so wie alle Samenkörner musst du ihn gut hegen und pflegen.

Der erste Frühlingstag ist ein neuer Anfang. Alles ist möglich. Die Welt ist frisch und hoffnungsvoll. Alles wird gut. Und nun atmest du ein und stellst dir vor, dass du den Duft des Frühlings riechst. Dann atmest du wieder gut aus. Mache das ein paar Mal hintereinander.

Spüre nun wieder den Boden unter dir, bewege langsam deine Hände und Füße, dehne und strecke dich und öffne deine Augen.

Sommer-Meditation

THEMEN: Jahreszeiten, Hoffnung, positive Gedanken

Setze dich aufrecht hin. Werde langsam ruhig und still. Spüre deine Füße auf dem Boden. Schließe deine Augen und stelle dir Folgendes vor:

Es ist ein wunderbarer Sommertag. Du liegst auf dem Rücken im Gras. Das weiche Gras ist wie ein schönes Bett. Die Sonne scheint. Atme ruhig ein und rieche den Duft des Grases und des Sommers. Wenn du deine Augen öffnest, siehst du den blauen Himmel.

Dann dehnst und streckst du dich, stehst auf und läufst vorbei an einem Feld zu einem prächtigen Garten. Hier siehst du allerlei Blumen, große und kleine. Es gibt einen Wasserfall, der die Blumen besprüht. So bekommen selbst die kleinsten Blumen Wasser. Du siehst wunderschöne rosa, rote und lila Blumen, orange und gelbe Blumen und auch kleine weiße Blümchen. Um dich herum duftet es herrlich. Die Sonne scheint noch immer und wärmt dich. Schaue dich im Garten um. Sieh die Blumen, atme ihren Duft ein und berühre vorsichtig ihre Blätter. So zart … Du siehst Schmetterlinge und Vögel. Bienen summen um die Blumen herum. Die ganze Natur ist fröhlich und bereit für den Sommer.

Nun gehst du wieder zur Wiese zurück, um dich noch einmal kurz hinzulegen. Spüre die Erde unter dir, wie fest und gleichzeitig weich sie ist. Die Erde ist immer unter dir und beschützt dich, wo auch immer du bist. Der Sommer ist eine wunderbare Zeit, fühle den Sommer mit all den schönen Dingen, die dazugehören. Der berühmte Dichter Khalil Gibran hat einmal gesagt: „Sei wie eine Blume – drehe dein Gesicht immer zur Sonne!" Das ist ein schöner Sommerspruch, den du das ganze Jahr über bei dir tragen kannst. Richte dich auf die schönen Dinge im Leben, sei dankbar und suche das Gute, wie die Wärme der strahlenden Sonne.

Komme nun langsam zurück ins Hier und Jetzt. Spüre deinen Körper und den Raum, in dem du dich befindest. Spüre wieder den Boden unter dir, bewege langsam deine Hände und Füße, dehne und strecke dich und öffne deine Augen.

Herbst-Meditation

THEMEN: Jahreszeiten, Natur, Entspannung, sich erden

Setze dich aufrecht hin. Werde langsam ruhig und still. Spüre deine Füße auf dem Boden. Schließe deine Augen und stelle dir Folgendes vor:

Es ist Herbst. Du läufst durch den Wald. Nimm die verschiedenen Farben der Blätter wahr. Wie sehr haben sie sich seit dem Sommer verändert! Du siehst Blätter in Orange, der Farbe des Feuers. Ockergelbe Blätter, die Farbe einer Kerzenflamme. Tiefes Braun, die Farbe der Erde. Rot, wie die untergehende Sonne. Es gibt Eicheln und Kastanien im Wald. Stelle dir vor, dass du eine schöne, glänzende Kastanie in deiner Hand hältst, rotbraun und glatt.

Atme ruhig ein und rieche den feuchten Duft des Herbstes. Es riecht besonders nach Blättern und dem Wald, der dabei ist, sich zu verändern. Vor dir siehst du einen großen, starken Baum, einen alten Baum, der schön gewachsen ist. Du stellst dich zu dem Baum und fühlst den Schutz, der von ihm ausgeht. Er steht schon sehr lange in diesem Wald. Streiche mit deinen Händen über seinen Stamm und fühle die Rinde. Verweile einen Moment. Du kannst dich mit dem Rücken gegen den Baum lehnen und entspannen. Spüre deinen Rücken an der Oberfläche des Baumes.

Komme nun langsam zurück ins Hier und Jetzt. Spüre deinen Körper und den Raum, in dem du dich befindest. Spüre wieder den Boden unter dir, bewege langsam deine Hände und Füße, dehne und strecke dich und öffne deine Augen.

Winter-Meditation

THEMEN: Jahreszeiten, Natur, Entspannung

Setze dich aufrecht hin. Werde langsam ruhig und still. Spüre deine Füße auf dem Boden. Schließe deine Augen und stelle dir Folgendes vor:

Du läufst über ein weites Feld. Es ist sehr kalt. Du hast warme Kleidung an. Die Sonne scheint. Es ist ein wunderschöner Wintertag. Der Boden unter deinen Füßen ist etwas gefroren und deshalb hart. Fühle den Boden, während du über das Gras läufst, das durch die Kälte etwas Raureif trägt. Die Sonne wärmt dein Gesicht. Vermischt mit der Kälte des Winters fühlt es sich belebend an. Du bist ganz wach und voller Energie.

Du atmest langsam ein und aus. Spüre den Atem. Es ist absolut still, wie so oft im Winter. Die Erde ruht sich aus. Du ruhst dich nun auch aus. Du atmest ruhig weiter, während du die Sonne und die kalte Luft fühlst. Du weißt, dass der Winter eine ganze spezielle Zeit ist: still, ruhig und vollkommen.

Dann gehst du zurück nach Hause und setzt dich an den warmen Ofen. Eine schöne Decke liegt für dich bereit. Kuschel dich hinein und spüre die Wärme des Feuers und der Decke. Entspanne dich, werde schwer und weich. Sage zu dir selbst: „Ich ruhe mich aus. Ich ruhe mich aus und bekomme neue Energie."

Komme nun langsam zurück ins Hier und Jetzt. Spüre deinen Körper und den Raum, in dem du dich befindest. Spüre wieder den Boden unter dir, bewege langsam deine Hände und Füße, dehne und strecke dich und öffne deine Augen.

Weihnachts-Meditation

THEMEN: innere Ruhe, geben und empfangen,
Mitgefühl und Anteilnahme, bei sich bleiben

Setze dich aufrecht hin. Werde langsam ruhig und still. Spüre deine Füße
auf dem Boden. Schließe deine Augen und stelle dir Folgendes vor:

Es ist kurz vor Heiligabend, an dem das Christkind die Geschenke verteilt.
Du bist schon ganz aufgeregt und gespannt auf deine Geschenke.
Das Christkind besucht dich dieses Mal aber schon ein paar Tage vor
Weihnachten. Und es bringt dir etwas Anderes als Spielsachen und
hübsche Kleidung: Das Christkind bringt gute Wünsche.
Du bekommst drei Päckchen. Als du das erste Päckchen öffnest, befindet sich
darin ein besonderer Wunsch für die ganze Welt. Etwas, das die Welt gut
brauchen kann. Ist es Frieden? Ist es Liebe? Ist es Dankbarkeit? Du weißt es.

Als du das zweite Päckchen öffnest, findest du darin ein glänzendes Blatt
Papier und einen prächtigen Stift. Der Stift kann in vielen Farben schreiben.
Schreibe nun einen Wunsch für einen besonderen Menschen oder ein beson-
deres Tier auf – du hast die Wahl. Schreibe in deiner schönsten Handschrift.

Jetzt siehst du, dass zu dem Blatt auch ein Umschlag gehört. Lege das Blatt
vorsichtig hinein und schreibe den Namen des Menschen oder des Tieres
darauf. Da kommt ein Vogel angeflogen. Er nimmt den Umschlag mit, um
den Wunsch zu überbringen. Es ist ein Weihnachtsvogel in fröhlichen Farben.

Und nun das letzte Päckchen: Mache es ruhig auf. Darin befindet sich ein
Wunsch für dich. Lies still, welcher schöne Wunsch für dich bestimmt ist.
Du freust dich sehr. Bewahre den Wunsch in deinem Herzen.

Komme nun langsam zurück ins Hier und Jetzt. Spüre deinen Körper und
den Raum, in dem du dich befindest. Spüre wieder den Boden unter dir,
bewege langsam deine Hände und Füße, dehne und strecke dich und
öffne deine Augen.

Raumfahrt-Meditation

THEMEN: Universum, Umgang mit Veränderung, Hoffnung, Fantasie

Setze dich aufrecht hin. Werde langsam ruhig und still. Spüre deine Füße auf dem Boden. Schließe deine Augen und stelle dir Folgendes vor:

Du machst eine Reise durch unser Sonnensystem. Auf jedem Planeten begegnest du einem besonderen Tier. Steige in deine Rakete und fliege mit enormer Geschwindigkeit los. Als Erstes landest du auf dem Merkur. Dieser Planet ist der Sonne am nächsten. Darum ist es dort auch sehr heiß. Du begegnest einem feuerspeienden Drachen. Zum Glück macht dir die Hitze nichts aus. Du fliegst weiter zum Mars, einem kleinen, trockenen Planeten. Hier ist es sehr kalt. Du begegnest einem besonderen Vogel, der hier gut leben kann: einem Mars-Vogel. Überlege dir selbst, wie er aussieht. Nun geht es weiter zum Jupiter, dem größten Planeten unseres Sonnensystems. Hier ist es auch sehr kalt. Du triffst einen Jupiter-Bären. Er ist ganz anders als die Bären, die auf der Erde leben. Wie sieht er wohl aus? Du fliegst noch weiter, zu Neptun. Hier ist alles blau und du siehst wunderschöne Schmetterlinge und Libellen. Sie sind viel größer als auf der Erde. Jetzt weiter zu Saturn. Dort gibt es winzige Tierchen. Und dann zu Uranus, einem blaugrünen Planeten mit Eis. Welches Tier sagt dir hier „Guten Tag?" Zum Schluss fliegst du zu Venus, dem heißesten Planeten. Hier begegnest du einem Feuervogel. Er lebt tausende Jahre lang, verbrennt dann zu Asche und aus der Asche entsteht ein neuer Feuervogel.

So ist es auch in deinem Leben: Es entstehen fortlaufend neue Möglichkeiten. Es gibt immer Veränderungen. Manche Veränderungen sind schön, manche schwierig. Wenn du ruhig ein- und ausatmest, kannst du gut mit Veränderungen umgehen. Atme ruhig ein und aus, immer in deinem eigenen Tempo.

Nun geht deine Raumfahrt zu Ende. Du bist zurück auf der Erde. Spüre wieder den Boden unter dir, bewege langsam deine Hände und Füße, dehne und strecke dich und öffne deine Augen.

© byrdyak – Fotolia.com

Die Gedanken ziehen lassen

THEMEN: Bewusstsein, innere Ruhe, Umgang mit Emotionen

Setze dich aufrecht hin. Werde langsam ruhig und still. Spüre deine Füße auf dem Boden und schließe deine Augen. Stelle dir vor, dass du in einem schönen Garten liegst. Das Gras ist hellgrün und angenehm weich. Du hast dir einen schönen Platz ausgesucht. Hier fühlst du dich wohl und kannst entspannen. Über dir ist der hellblaue Himmel mit weißen Wolken. Da du auf deinem Rücken liegst, kannst du das gut sehen. Ein leichter Wind treibt die Wolken vorbei, manchmal etwas schneller, manchmal etwas langsamer. Einige Wolken sind groß und haben eine seltsame Form, andere sind klein und rund.

Mit den Wolken ist es wie mit deinen Gedanken: Sie kommen und gehen. Manche Gedanken sind riesig und erscheinen dir wie Monster. Manche Gedanken sind schön und manche sind unheimlich. Gedanken haben allerlei Formen und manchmal bleibt ein Gedanke auch hängen. Aber das muss nicht so sein: Du kannst deine Gedanken wie Wolken vorbeiziehen lassen. Woran denkst du gerade? Lasse einen Gedanken kommen – und wieder vorbeiziehen, wie eine Wolke. Der Himmel ist nun wieder blau und still. Erscheint wieder ein Gedanke? Woran denkst du? Nur einen einzigen Gedanken, nicht alle auf einmal: Lasse einen Gedanken aufsteigen und dann wie eine Wolke in den blauen Himmel weiterziehen. Mache in Ruhe so weiter. Kommt ein Gedanke, gib ihm die Form einer Wolke. Ein freundlicher Gedanke kann eine weiche Wolke sein, ein böser oder ärgerlicher Gedanke eine seltsame, dunkle Wolke. Für einen kurzen Augenblick sieht der Gedanke wie eine Wolke aus. Dann lässt du ihn los und der Himmel ist wieder blau. Schließlich erscheinen immer weniger Gedanken. Der Himmel wird blau und still – genau wie du. In deinem Kopf wird es ruhiger und still. Über dir ist der weite, blaue Himmel. Du atmest ruhig weiter. Wie fühlt sich dein Atem jetzt an?

Komme nun langsam zurück ins Hier und Jetzt. Spüre deinen Körper und den Raum, in dem du dich befindest. Spüre wieder den Boden unter dir, bewege langsam deine Hände und Füße, dehne und strecke dich und öffne deine Augen.

Ein besonderes Bad

THEMEN: Selbstliebe, Selbstwertschätzung, Selbstfürsorge

Setze dich aufrecht hin. Werde langsam ruhig und still. Spüre deine Füße auf dem Boden und schließe die Augen.

Stelle dir vor, du nimmst ein herrliches Bad. Du liegst in einer schönen großen Badewanne voll mit Badeschaum. Du bist darin untergetaucht. Diese Badewanne ist keine gewöhnliche Badewanne. Sie ist eine Badewanne voller Freundlichkeit. Wenn du in ihrem besonderen Wasser sitzt, wird dir von innen warm und du bist voller Wohlwollen für dich und für andere. Spüre das warme Wasser um dich herum.

Der Badeschaum hat eine schöne Farbe und ist wunderbar weich. Er riecht nach … Was ist dein Lieblingsduft? Was ist das, wonach er riecht? Gras? Oder der Duft von Blumen? Oder der Duft von Feuer, von Früchten oder von etwas ganz Anderem? Atme tief ein und nimm den Duft des Bade-schaums ganz intensiv wahr.

Dann atme langsam aus und lasse dich ganz in dieses warme Bad von Freundlichkeit und Wohlwollen wegsacken. Lächle dir selbst zu. Lächle voller Zuneigung zu dir selbst, der schönen und guten Person, die du bist. Dieses Lächeln nimmst du auch mit, wenn du gleich aus der Badewanne steigst. Genieße noch einen Moment das warme Bad voller Liebe und Freundlichkeit für dich und für andere.

Komme nun langsam zurück ins Hier und Jetzt. Bewahre dir das Lächeln und die warme Freundlichkeit. Spüre deinen Körper und den Raum, in dem du dich befindest. Spüre wieder den Boden unter dir, bewege langsam deine Hände und Füße, dehne und strecke dich und öffne deine Augen.

Meditation mit wechselnden Bildern

THEMEN: Fantasie, Entspannung

Setze dich aufrecht hin. Werde langsam ruhig und still. Spüre deine Füße auf dem Boden und schließe deine Augen. Atme ruhig ein und aus. Spürst du, dass du atmest? Es geht ganz von selbst. Nur du kannst deinen Atem hören, ganz leicht und sanft.

Wenn du ausatmest, lässt du die Dinge, die dich beschäftigen los. Alles darf nun verschwinden, deine Sorgen, dein Stress. Atme ruhig weiter. Du brauchst nichts dafür zu tun. Du brauchst nichts daran zu verändern. Dein Atem ist gut so, wie er ist. Ein und aus, ruhig und entspannt.

Nun kannst du dir mit geschlossenen Augen Dinge vorstellen, als Bild oder als Gefühl. Ich nenne nun einige Dinge. Du kannst mit deiner Fantasie versuchen, dir dabei etwas vorzustellen. Mache es dir nicht zu schwer. Wenn es dir gelingt, ist es gut, wenn nicht, ist es auch in Ordnung. Stelle dir vor: Weiße Wolken am blauen Himmel, weiße Wolken am blauen Himmel. Ein Regenbogen, ein Regenbogen. Sieh die Farben eines Regenbogens. Eine starke, alte Eiche, eine starke, alte Eiche. Muscheln am Strand, verschieden-farbige Muscheln am Strand. Ein Wasserfall, ein Wasserfall im Urwald, ein Wasserfall. Der Geruch von Gras, der Geruch von Gras. Der Geschmack von Wasser, schmecke klares, frisches Wasser. Spielende Kinder auf einer Straße in Indien, spielende Kinder auf einer Straße in Indien. Pinguine, eine große Gruppe Pinguine. Regenbogenfische in der Tiefe des Ozeans, Regenbogenfische in der Tiefe des Ozeans. Stelle dir vor: Mut, Tapferkeit, Freundschaft, Glück.

Und nun lässt du all diese Bilder wieder vorbeiziehen. Spüre den Kontakt mit dem Boden, deine Füße auf dem Boden. Beginne, dich langsam wieder zu bewegen, deine Finger und Zehen zuerst. Recke und strecke deinen ganzen Körper. Und dann öffne langsam deine Augen.

HINWEISE FÜR DEN LEHRER

Diese Übung ist eine spezielle Meditationstechnik aus der Tradition des Yoga. Sie entspannt, regt aber auch die Fantasie und das kreative Denken an. Gerade durch den Wechsel der Bilder werden verschiedene Sinneswahrnehmungen angesprochen.

Achtung: Der Vorlesetext und seine Reihenfolge sollten nicht verändert werden. Die Visualisierungen sind mit Sorgfalt ausgewählt. Auch die Wiederholungen sind von Bedeutung. Es ist bei dieser Technik nicht die Absicht, lange in Stille zu verharren. Die inneren Bilder werden recht schnell hintereinander angeregt, damit die Aufmerksamkeit wechselt und nicht hängen bleibt.

Bodyscan

THEMEN: Entspannung, Bewusstsein

Die Übung, die du jetzt gleich machen wirst, heißt Bodyscan. Das Ziel dieser Übung ist es, deine Aufmerksamkeit auf deinen Körper und deine Gefühle zu richten. Du erforschst dich sozusagen selbst. Wie geht es dir und was fühlst du? Du kannst dich wohlfühlen oder nicht. Es ist beides gut. Du kannst es interessant finden oder langweilig. Es ist beides gut. Ein Forscher nimmt wahr, aber er verändert nichts. Er schaut mit den Augen, aber benutzt auch seine anderen Sinne. Beim Bodyscan schaust du nicht mit deinen Augen, sondern mit deiner Aufmerksamkeit. Du schaust nach innen. Probiere es einfach einmal aus. Es ist wichtig, während der Übung nicht zu sprechen. Kannst du das? Ich bin gespannt.

Setze dich aufrecht hin. Strecke dich noch einmal und schließe dann deine Augen. Deine Füße stehen nebeneinander auf dem Boden. Wie geht es deinem linken Fuß? Ist er warm? Oder kalt? Wie fühlt sich dein Fuß an? Und wie fühlen sich deine Zehen an? Jetzt zum rechten Fuß. Wie geht es diesem Fuß? Ist dein Fuß zufrieden? Oder wütend? Ist dein Fuß kalt? Oder warm? Jetzt zu deinem linken Unterschenkel. Wie fühlt er sich an? Und wie ist es mit dem Knie? Und nun dein Oberschenkel: Ist er weich oder hart? Warm oder kalt? Wie fühlt sich dein Bein an? Jetzt zur anderen Seite, zu deinem rechten Bein. Wie geht es diesem Bein? Wie fühlt sich dein Knie an? Ist dein Bein zufrieden? Fühlt es sich entspannt an? Oder nicht? Beides ist gut. Wie ist es, beide Beine zu spüren?

Spüre deinen Po auf dem Stuhl. Wie fühlt sich das Sitzen an? Spüre jetzt deinen Bauch. Wie geht es deinem Bauch? Was spürst du in deinem Bauch? Und nun etwas höher zu deinem Brustkorb. Wandere mit deiner Aufmerksamkeit zu deinem Rücken. Spürst du deinen Rücken? Ist er weich oder hart? Freundlich oder etwas verärgert? Jetzt zu deinen Schultern, erst zur linken Seite. Spürst du sie? Und wie fühlt sich die rechte Seite an? Merkst du einen Unterschied?

Wandere mit deiner Aufmerksamkeit zu deinem linken Arm. Wie geht es deiner Hand? Ist sie warm? Wie geht es deinem Arm? Und wie dem anderen Arm? Ist er schwer oder leicht? Warm oder kalt? Und deine rechte Hand? Wie geht es deinen Fingern?

Spüre deine Kehle, dein Kinn, deinen Mund, deine Nase. Wie geht es deiner Nase? Und dann deine Augen: Sie sind leicht geschlossen. Dürfen sie sich ausruhen? Möchten sie sich ausruhen? Oder möchten sie sich gern öffnen? Wandere nun mit deiner Aufmerksamkeit zu deiner Stirn, deinem Gesicht, deinen Haaren. Nun spürst du deinen ganzen Körper, alles zusammen, ein Ganzes.

Bleibe noch einen Moment ruhig und mit geschlossenen Augen sitzen. Spürst du deinen ganzen Körper? Deine Füße fest am Boden? Friere dieses Gefühl ein und behalte es gut in Erinnerung. Und dann recke und strecke dich wieder und öffne langsam deine Augen.

ACHTSAMKEIT und LEHRREICHE GESCHICHTEN

Der Mond und der Wind – eine Geschichte aus Indien

THEMEN: Freundschaft, Respekt

Zwei gute Freunde saßen zusammen im Schatten eines großen Felsen. Es klingt vielleicht etwas eigenartig, aber der eine war ein Tiger und der andere ein Löwe. Sie waren schon Freunde, seit sie klein waren.

In dem Berggebiet, in dem sie wohnten, war es friedlich. Vielleicht kam es durch die schöne Natur. Vielleicht kam es dadurch, dass ein weiser Mann in der Nähe wohnte, ein Einsiedler. Das ist jemand, der weit weg von einer Stadt und anderen Menschen lebt und sich ganz auf die Natur und die Stille einlassen möchte.

Eines Tages hatten die beiden Freunde einen Streit. Es ging eigentlich um etwas Unwichtiges. Der Tiger sagte: „Jeder weiß, dass es kälter wird, wenn der Vollmond sich in den Halbmond verwandelt." Der Löwe sagte: „Nein, jeder weiß, dass es kälter wird, wenn der Halbmond sich in den Vollmond verwandelt." Der Streit wurde immer schlimmer und die beiden Freunde konnten sich nicht einigen. Sie waren beide so sehr von der Richtigkeit ihrer Behauptung überzeugt, dass sie sogar anfingen, sich gegenseitig zu beschimpfen. Da begriffen sie, dass ihre Freundschaft kaputtgehen würde, wenn sie jetzt nicht aufpassten.

Sie beschlossen, den weisen Mann um Rat zu fragen. „O weiser Mann," sagten sie, „kannst du uns bei der Frage über den Mond und die Kälte helfen und sagen, wer von uns beiden Recht hat?" Der Einsiedler dachte kurz nach und antwortete dann: „Es kann immer kalt sein – egal ob es Vollmond, Halbmond oder der Mond kaum zu sehen ist. Es liegt am Wind, der die Kälte mitbringt aus dem Norden, dem Osten oder dem Westen. Darum habt ihr beide Recht und es gibt keinen Gewinner und keinen Verlierer."

Der weise Mann sprach weiter: „Ihr beiden seid schon Freunde, seit ihr klein wart, euer ganzes Leben lang. Es ist nicht gut, sich zu streiten und Uneinigkeit zu verursachen. Das Wichtigste ist es, ohne Streit zu leben, mit Respekt füreinander und für die Meinung des anderen." Der Löwe und der Tiger verstanden das sehr gut. Sie bedankten sich bei dem weisen Mann und lebten noch lange und glücklich als Freunde.

UNTERRICHTSIDEEN

Unter Kindern kommt es immer mal wieder zu Streit – auch zwischen Freunden. Die Geschichte kann dazu verwendet werden, um mit den Kindern über das Thema Freundschaft nachzudenken und in der Klasse für eine gute Atmosphäre zu sorgen.

GESPRÄCHSIMPULSE

- Kannst du mit jemandem unterschiedlicher Meinung sein und trotzdem mit ihm befreundet oder höflich zu ihm sein?

- Was geschieht auf der Welt, wenn Menschen sehr unterschiedliche Ansichten haben?

- Wie können wir lernen, unterschiedlicher Meinung zu sein, bei uns selbst zu bleiben und dem anderen Respekt für seine Ansicht zu zeigen? Wo liegt die Grenze?

PASSENDE ÜBUNGEN

Löwe (S. 40), Halbmond (S. 56)

Lebe das Leben im Jetzt – eine Erzählung aus Ägypten

THEMEN: Achtsamkeit, die Bedeutung von wirklicher Anwesenheit

Ein junger Mann, Faruk, hatte nur noch wenig Geld. Er beschloss, Eier davon zu kaufen. Faruk ging auf den Markt und kaufte zwölf Stück. Dann setzte er sich ans Ufer des Nils und badete seine Füße im Wasser. „Wenn diese Eier gebrütet werden, habe ich zwölf Hühner", dachte er bei sich. „Wenn sie dann wieder Eier legen, verkaufe ich sie und verdiene damit Geld. Davon kaufe ich mir eine Ziege. Und dann kann ich Eier und Milch verkaufen, denn die Ziege gibt Milch. Vielleicht kann ich sogar Käse machen. Vielleicht miete ich mir einen Marktstand. Ich weiß sicher, dass viele Frauen dorthin kommen werden. Und dann wähle ich eine aus und nehme sie zur Frau …"

Faruk hatte viele Pläne und träumte weiter: Mit dem Geld, das er auf dem Markt verdienen würde, könnte er Getreide kaufen und Brot daraus machen. Wenn er mit diesem Handel viel Geld verdient hätte, könnte er sicher ein Stück Land kaufen. Er würde Häuser darauf bauen und sie vermieten. Und dann würde er Kamele kaufen, damit Touristen auf ihnen reiten könnten.

Faruk wurde in seinen Träumen immer reicher und reicher, während er noch immer am Ufer des Nils saß. Er begeisterte sich so sehr für seine Ideen, dass er aufsprang und aufgeregt hin- und herlief. Er hatte immer mehr Ideen und sah eine wunderbare Zukunft für sich voraus: Viele Menschen würden für ihn arbeiten, Bauern würden sich um die Pflanzen auf seinem Land kümmern. Er würde ein prächtiges Haus mit Springbrunnen bauen lassen. Schließlich würde er ein herrliches Leben führen und zufrieden alt werden, mit vielen Dienern um sich herum. Er würde beinahe ein Pharao sein!

Faruk war so in seine Tagträume vertieft, dass er nicht aufpasste, als er sich wieder hinsetzte und … Oje! Er setzte sich auf die Eier, die auf dem Boden lagen. Alle Eier waren kaputt. Faruks Hose war voller Eigelb. Und all seine Träume waren geplatzt wie eine Seifenblase! Aber er hatte seine Lektion gelernt: Sei achtsam für das, was jetzt gerade geschieht. Verweile nicht in der Vergangenheit und träume nicht zu viel von der Zukunft. Mache dir auch keine Sorgen, sondern lebe und gib dein Bestes in der Gegenwart.

UNTERRICHTSIDEEN

Das Leben im Hier und Jetzt fällt vielen Menschen schwer. Mit ihren Gedanken sind sie oft in der Zukunft. Es ist gut, Pläne zu schmieden, aber es ist auch wichtig, den gegenwärtigen Augenblick zu genießen. Der Atem ist hierfür ein hilfreiches Werkzeug, das sich gut im Unterricht einsetzen lässt: „Achte einmal auf deinen eigenen Atem. Spürst du die Bewegung deines Atems? Ist dein Atem kalt oder warm? Kannst du deinen eigenen Atem hören? Der Atem kann dir helfen, zu entspannen. Atme hierzu ruhig ein und vor allem gut aus."

Die Atembewegung kann den Kindern durch einen Kreis am Boden verdeutlicht werden: Die Kinder gehen an der Kreislinie entlang und atmen dabei bewusst ein und aus. Wenn sie ihren Atem spüren, sind sie in der Gegenwart.

PASSENDE ÜBUNG

Feder pusten (S. 108)

Die Bremer Stadtmusikanten

THEMEN: Durchsetzungsvermögen, Zusammenarbeit

Es war einmal ein Esel, der immer hart gearbeitet hatte. Leider war sein Besitzer nicht sehr dankbar, und nachdem er sein Leben lang schwer getragen und Menschen transportiert hatte, wurde er einfach abgeschoben. Sein Herr brauchte ihn nicht mehr. Zunächst war der Esel sehr traurig, fühlte sich nutzlos und niedergeschlagen. Er fühlte sich auch so allein …
Aber nachdem er eine Nacht geschlafen hatte, wachte er erfrischt und ausgeruht auf. Er hatte geträumt und in diesem Traum hatte eine Stimme ihm zugeflüstert: Mache dich auf den Weg und lasse deine Träume wahr werden!

Der Esel wollte schon immer gern einmal auf Reisen gehen und hatte von der Stadt Bremen gehört, in der viele Musikanten lebten. Die Stadt war bekannt für ihre Lebendigkeit und Musik. Und der Esel liebte Musik. „Weißt du was", dachte er, „wer nicht wagt, der nicht gewinnt. Ich gehe nach Bremen und werde Stadtmusikant! Ich mag die Laute so gern und werde lernen, darauf zu spielen."

Und da er nun ein Ziel im Leben hatte, fühlte sich der Esel nicht mehr mutlos, sondern frisch und voller Hoffnung. Er lief viele Stunden lang, denn Bremen war weit weg. Da sah er am Straßenrand einen Hund liegen. Der Esel sah sofort, dass es dem Hund nicht gutging, und setzte sich neben ihn: „Was fehlt dir, mein Freund, warum liegst du hier am Straßenrand?" Der Hund erzählte ihm, dass er immer ein Wachhund gewesen sei, aber nun alt war und sein Besitzer ihn nicht mehr gebrauchen konnte – genauso wie der Esel! Kurz fühlte der Esel, wie der Zorn wieder in ihm aufstieg, aber dann erzählte er dem Hund: „Mit Klagen und Traurigkeit kommst du nicht weiter. Ich gehe nach Bremen, um Musikant zu werden. Komm mit mir!" Der Hund fasste Mut: „Ja, warum nicht! Ich liebe Musik und werde gern Schlagzeuger!"

Und zusammen liefen sie weiter, den langen Weg nach Bremen. Sie kamen gerade an einem Dorf vorbei, als sie eine Katze sahen. Die Katze war alt und mager. „Was ist mit dir, Freundin?", fragte der Esel. Und die Katze erzählte ihnen, dass sie ihr ganzes Leben lang Mäuse auf einem Bauernhof gefangen hatte, doch nun habe man sie weggeschickt. Weil sie zu alt war! Sie war wütend. Sie machte einen zornigen Katzenbuckel und fauchte vor Wut! Der Esel erzählte ihr seine eigene Geschichte und die des Hundes.

Daraufhin fühlte sich die Katze schon etwas weniger allein, und als der Esel sie fragte, ob sie mit nach Bremen gehen wollte, freute sie sich – „Ja, ich werde Sängerin!"

Zu dritt liefen sie weiter, bis sie schließlich am Ende des Tages, als die Luft bereits begann, sich von der Abendsonne rötlich zu färben, beinahe über etwas gestolpert wären, das auf dem Weg lag. Besser gesagt: jemand. Denn es war ein Hahn, der dort lag. „Was machst du denn hier auf dem Weg?" fragten der Esel, der Hund und die Katze.

Der Hahn war etwas durcheinander. Er hatte den ganzen Tag noch nichts gegessen und erzählte, dass auch er sein ganzes Leben lang auf einem Bauernhof gelebt und gearbeitet hatte, aber dass man ihn nun weggejagt habe. „Ich habe jeden Morgen gekräht, wenn die Sonne aufging", sagte er gekränkt. Und nun, da ich nicht mehr so laut krähen kann und ab und zu ein wenig verschlafe, muss ich weg. Ich habe kein Zuhause mehr! Ich bin allein!"

Aber unsere drei Freunde wollten gern noch einen vierten Freund dabei haben: „Komm mit nach Bremen und werde Musikant! Du kannst sicher auch schön krähen, denn nun brauchst du niemand mehr wachzurufen", sagten sie.
Und so geschah es, der Hahn ging mit. Es wurde Abend und dunkel und die vier Tiere beschlossen, unter einem Baum zu schlafen. Bremen war zu weit weg, um es an einem Tag zu erreichen. Während der Esel, der Hund und die Katze es sich unter einem Baum gemütlich machten, flog der Hahn auf den höchsten Ast. Er schaute noch einmal sorgfältig in alle Richtungen – nach Osten, nach Westen, nach Norden und nach Süden. Da sah er im Wald ein Licht brennen. „Freunde", sagte er, „ich sehe das Licht eines Hauses. Lasst uns dort hingehen. Es ist nicht weit und vielleicht bekommen wir noch etwas zu essen."

Sie kamen zu dem Haus. Aber um vorsichtig zu sein, klingelten sie nicht sofort. Der Esel schaute zunächst durch das Fenster. „Was siehst du?", flüsterten die drei Freunde. „Räuber!", flüsterte der Esel. „Eine Räuberbande aus vier Männern sitzt am Tisch und isst ein herrliches Mahl, die leckersten Sachen, und es ist noch eine Menge übrig!" Die vier Freunde fassten einen Plan. Und der ging so: Der Esel stellte seine Vorderfüße auf den

Fensterrahmen. Der Hund sprang auf seinen Rücken. Die Katze sprang auf den Hund und der Hahn flatterte hinauf und setzte sich auf den Kopf der Katze!

Auf ein Zeichen des Esels – „eins – zwei – drei" – fingen sie alle an, mit lauter Stimme zu rufen und zu schreien: Der Esel machte „i-ah", der Hund bellte, die Katze miaute und der Hahn krähte! Die Räuber erschraken so fürchterlich von dem Lärm, dass sie aus dem Haus stürmten und in den Wald rannten.
Die Tiere konnten nun einfach durch die offene Tür in das Haus gehen und essen, bis sie nicht mehr konnten. Dann suchte sich jeder von ihnen einen gemütlichen Ort zum Schlafen. Der Esel legte sich ins Stroh, der Hund auf den Teppich, die Katze legte sich zum warmen Herdfeuer und der Hahn setzte sich auf einen Balken an der Decke. Sie schliefen sofort ein.

Inzwischen beobachteten die Räuber aus ihrem Versteck im Wald heraus den Bauernhof, aus dem sie geflüchtet waren. Als sie lange gewartet hatten und nichts weiter geschehen war – nur das Licht war ausgegangen –, sagten sie zueinander: „Wir hätten eigentlich nicht so viel Angst haben müssen ..."

Und sie schickten einen von ihnen voraus, um vorsichtig nachzusehen. Der Räuber schlich in der Dunkelheit ins Haus hinein und schaute sich um. Am Herd sah er etwas glühen. Er dachte, dass es Kohlen seien, die aus dem Feuer gefallen wären, und blies darauf, um die Glut anzufachen und mehr Licht zu machen, aber ... es waren die Augen der Katze, die im Dunkeln geglüht hatten ... Als der Räuber sich zu ihr herunterbeugte, fauchte die Katze und zerkratzte ihm das Gesicht. Der Räuber fiel der Länge nach hin und landete auf dem Hund, der ihm sogleich ins Bein biss. Panisch rannte er zur Tür und prallte gegen den Esel, der ihm ins Hinterteil trat. Und in all dem Chaos begann der Hahn auch noch laut zu krähen.

Der Räuber suchte schleunigst das Weite. Den anderen Räubern aber erzählte er atemlos, dass ein großes lebensgefährliches Ungeheuer in dem Haus war, das wie eine Hexe schrie und wie ein Drache kämpfte.

Die Räuber ließen sich nie wieder sehen, darum lebten die vier Tiere noch lange und glücklich in dem Haus im Wald, nahe der Stadt Bremen. Und wurden sie dennoch Musikanten? Das wissen wir nicht sicher, aber ich glaube schon. Denn in der Stadt Bremen steht auch heute noch ein Denkmal der Tiere, wie eines jeweils auf dem Rücken des anderen steht, und es trägt den Schriftzug: „Die Bremer Stadtmusikanten!"

UNTERRICHTSIDEEN

Kinder, die sonst nie miteinander spielen oder arbeiten, könnten gemeinsam überlegen, was sie beide schön finden – es findet sich immer irgendeine Gemeinsamkeit.

GESPRÄCHSIMPULSE

- Wie können unterschiedliche Fähigkeiten, Stärken und Talente eine Partner- oder Gruppenarbeit bereichern?

- Was kannst du besonders gut?

- Was sind deine Stärken?

Jedes Kind überlegt sich 1–2 eigene Stärken, die dann anonym an der Tafel gesammelt werden. So entsteht ein Gesamteindruck vom Potential der gesamten Klasse.

PASSENDE ÜBUNG

Schultafel beschreiben (S. 110)

Die tapfere Spinne

THEMEN: Mut, das Erkennen eigener Möglichkeiten

Vor langer, langer Zeit lag das Land der Cherokee-Indianer in vollkommener Dunkelheit. Es gab keine Sonne, keinen Mond und auch kein anderes Licht. Das machte den Tieren sehr zu schaffen. Sie konnten nichts sehen und stießen ständig gegeneinander. Eines Tages trafen sich die Tiere, um das Problem zu besprechen. Der Specht sprach als Erster: „Ich habe gehört, dass es auf der anderen Seite der Welt Licht gibt. Vielleicht kann jemand dort hingehen und uns das Licht mitbringen." „Ich gehe", sagte die Eule, „ich kann im Dunkeln sehen." „Nein, ich gehe", rief die Beutelratte, „wenn sie das Licht nicht teilen wollen, stehle ich ein wenig und verstecke es unter meinem Schwanz."

Und so geschah es. Die Beutelratte machte sich auf den Weg und je mehr sie nach Osten kam, desto heller wurde es. Sie war das grelle Licht nicht gewöhnt und musste ihre Augen zukneifen, um nicht zu erblinden. Doch die Beutelratte ging weiter, bis sie die Sonne fand. Schnell nahm sie ein Stückchen von der Sonne und versteckte es unter ihrem großen Schwanz. Aber es war so heiß, dass es ihr den Schwanz verbrannte. Die Menschen im Land der Sonne forderten das Stückchen zurück. Arme Beutelratte: Sie musste mit leeren Händen und einem verbrannten Schwanz zurückkehren.

Die Tiere kamen erneut zusammen. Nun sollte der Bussard gehen: „Ich kann schnell fliegen und ich bin stark. Ich bin ganz schnell mit dem Licht zurück." Er flog nach Osten und blieb hoch in der Luft, um nicht gesehen zu werden. Als er der Sonne ganz nah war, flog er schnell auf sie zu, ergriff ein Stückchen von ihr und versteckte es auf seinem Kopf. Aber es war furchtbar heiß. Der Bussard verbrannte sich sein Kopfgefieder und ließ das Stückchen sofort wieder fallen. Jetzt hatte er einen roten kahlen Fleck auf seinem Kopf. Den hat er heute immer noch …

Und wieder kamen die Tiere zusammen. Großmütterchen Spinne kam angekrochen: „Die großen Tiere haben es versucht, aber es ist ihnen nicht gelungen. Nun sind die kleinen Tiere an der Reihe. Lasst mich gehen!" „Aber du wirst vollständig verbrennen", rief die Eule. „Vielleicht aber auch nicht", sagte die Spinne, „ich habe einen Plan." Die Tiere sehnten sich so sehr nach etwas Licht und stimmten zu.

Die Spinne suchte eine Weile, bis sie einen Klumpen feuchte Erde fand. Daraus formte sie eine kleine Schale mit einem Deckel und nahm beides mit. Während ihrer Reise spann sie einen Faden, damit sie den Rückweg gut finden würde. Als die Spinne die Sonne erreichte, nahm sie ein Stückchen davon und legte es in die Schale, die sie mit dem Deckel verschloss. Dann machte sie sich mit Hilfe ihres Fadens auf den Heimweg.

Schließlich kam sie zuhause an und öffnete das Gefäß. Die anderen Tiere waren sprachlos, als das Licht in vielen Strahlen daraus hervorbrach. Sogar jetzt noch ist das Spinnennetz wie die Strahlen der Sonne geformt. Und so wurde es durch die kleine tapfere Spinne Licht im Land der Cherokee-Indianer.

GESPRÄCHSIMPULSE

Die Welt braucht verschiedene Menschen mit verschiedenen Talenten. Manche Menschen können gut lesen, andere können gut zuhören. Manche Menschen haben viel Fantasie und können sich viele Dinge ausdenken. Manche Menschen können mit ihren Händen vieles herstellen oder reparieren. So gibt es noch viele weitere Unterschiede, die im Unterrichtsgespräch thematisiert werden könnten:

- Was sind deine speziellen Talente?

- Welche schönen und besonderen Eigenschaften hast du?

- Was sind die besonderen Eigenschaften deiner Mitschüler?

PASSENDE ÜBUNGEN

Sonnengruß (S. 42), Ägyptischer Sonnengruß (S. 92)

Der tapfere Krieger Arjuna

THEMEN: Konzentration

Drona war ein Lehrer der Kampfkunst im alten Indien. Er lehrte Jungen viele Kampfkünste, z. B. die Kunst des Schwertfechtens und des Bogenschießens. Eines Tages rief er seine besten Schüler für eine Übung zusammen. Einer von ihnen war Arjuna. Arjuna war ein tapferer junger Mann. Er war sehr stark, geschickt und glänzte in allen Kampfkünsten.

Drona versammelte seine Schüler um sich. Er hatte einen Vogel gebastelt und auf die Spitze eines Baumes gesetzt. Er forderte die Jungen auf, ihre Bögen aufzunehmen und ihre Pfeile auf den Vogel zu richten. Der Reihe nach sollten sie dann ein Zeichen bekommen, um zu schießen. „Richtet euch auf das Auge des Vogels!", lautete Dronas Anweisung.

Zuerst war Yudhistra an der Reihe. Er spannte seinen Bogen. Drona unterbrach ihn und fragte: „Yudhistra, was siehst du?" Und Yudhistra antwortete: „Ich sehe das Auge, den ganzen Vogel, den Baum, die anderen Jungen und dich." Yudhistra durfte nicht schießen.
Nun war Duryodhana an der Reihe. Als er seinen Bogen spannte, fragte Drona auch ihn: „Was siehst du?" Duryodhana antwortete: „Ich sehe das Auge, den Vogel und den Baum." Und auch er durfte nicht schießen.

Zuletzt war Arjuna an der Reihe. Er sagte: „Ich sehe nur das Auge des Vogels, nur das schwarze Auge." Da gab Drona das Zeichen: „Schieß!" Der Pfeil traf genau ins Ziel. Arjuna hatte seine Aufmerksamkeit ganz auf sein Ziel gerichtet. Und das ist wichtig, um sich wirklich konzentrieren zu können.

GESPRÄCHSIMPULSE

• Kannst du dich konzentrieren?

• Wann kannst du dich konzentrieren, wann nicht?

PASSENDE ÜBUNGEN

Krieger (S. 22), Bogenschütze (S. 52)

Über die Autorin

FEMMY BRUG begann bereits als Jugendliche mit Yoga. Sie machte eine Ausbildung zur Sozialpädagogin und arbeitete einige Jahre mit geistig behinderten Kindern und Erwachsenen. Danach lebte sie eine Zeit lang in England, wo sie als Sozialarbeiterin mit Kindern und Familien arbeitete.

Vor 15 Jahren begann sie, sich mehr mit Yoga und Meditation zu beschäftigen. Sie erlernte verschiedene Meditationstechniken und meditiert seitdem täglich selbst.
Femmy wurde in England zur Yoga- und Kinder-Yoga-Dozentin ausgebildet. Sie besuchte Weiterbildungen in Yoga und Meditation in Portugal, Indien und England. Seit 2003 lebt sie wieder in den Niederlanden und hat dort Kidsyoga gegründet, eine Organisation, die sich für die Verbreitung von Yoga und Meditation für Kinder und Jugendliche einsetzt. Femmy bildet Kinder-Yoga-Dozenten aus und gibt Workshops in Schulen. Weitere Informationen in englischer Sprache über Meditationen für Kinder und Jugendliche finden Sie unter www.kidsyoga.nl.

Klasse präsentiert!

136 Beobachtungs- und
Feedback-Karten für
Präsentationen

Kl. 1–4, A6, 104 farbige Karten,
beidseitig bedruckt zum
Auseinanderschneiden
Best.-Nr. 978-3-8346-2436-9

Organisationshilfen
für den Schulalltag

Von Wochenplan bis
Kompetenzraster

Kl. 1–13, 88 S., A4, Paperback
mit CD-ROM
Best.-Nr. 978-3-8346-2290-7

Ohne Arbeitsblatt
geht's auch – Band 2

Mehr praktische Alternativen
zum Arbeitsblatt

Kl. 1–4, 96 S., A4, Paperback
Best.-Nr. 978-3-8346-2476-5

Was machen wir als
Nächstes?

99 Tages- und Stundenplankarten

Kl. 1–4, 99 Karten, 12 x 12 cm, farbig,
banderoliert
Best.-Nr. 978-3-8346-0939-7

Unsere Klassenregeln

36 Regelstreifen zum
individuellen Kombinieren

Kl. 1–4, 12 Poster A3,
mit je 3 Regelstreifen zum
Auseinanderschneiden
Best.-Nr. 978-3-8346-0902-1

Die Lieblingsspiele-
Schatztruhe für den
Morgenkreis

3–7 Jahre, 25 farbige Karteikarten,
A6 quer, in einer Klappbox
Best.-Nr. 978-3-8346-2228-0